JN411931

봄의 십자수

엮은이 박영란

봄의 십자수

엮은이 박영란
펴낸이 김근배
펴낸곳 도서출판 아진

초판 1쇄 인쇄 2013년 3월 20일
초판 1쇄 발행 2013년 3월 25일

출판등록번호 제 300-1995-56호
주소 서울시 강남구 논현동 148-19번지 한미빌딩 201호
전화 (02)737-0663
팩스 (02)737-0664
이메일 kgb@ajin.to
인터넷홈페이지 www.ajin.to

ISBN 978-89-5761-349-8 03810

값은 표지뒤에 있습니다.

그림 · 배정희

시집을 엮으며

봄은 흰 눈이 쌓였던 땅 속에서도 부지런히 십자수를 놓고 있었습니다. 파스텔톤의 빛깔들이 바늘귀에 걸쳐 수백 번 움직이며 완성하는 아름다운 형상들!

흙을 뚫고 일어서는 새싹들이 봄을 완성하듯이 청소년들이야 말로 아름다운 십자수의 한 땀 한 땀이 아닐까 생각해 봅니다.

우리 아이들에게 있어 고운 실이란 바로 순수한 마음과 아름다운 언어입니다. 오늘 습관적으로 말해버린 나의 말들을 가만히 생각해보세요.

짜증 섞인 대답은 엄마의 지친 모습을, 신경질적인 말투는 상처투성이 친구 얼굴을 만들어 버립니다.

아하! 그 순간 후회하며 잘못된 실을 뽑아 올리는 친구들도 있네요. 신기하게도 다시 수를 놓는 실들은 참으로 고운 빛들로 반짝이기까지 합니다.

아름다운 언어로 세상을 마주보는 가장 좋은 방법은 바로 시 쓰기입니다. 솔직하고도 순수한 마음으로 써 놓은 시의 고운 빛을 보세요.

봄이 만드는 십자수처럼 아름다운 문양들로 여기저기서 피어오르고 있습니다. 게다가 보는 사람에 따라 다른 그림으로 보여지고 있으니 이보다 더 아름다운 작품이 어디 있을까요!

이천 십삼 년
봄을 깨우는 삼월
글샘 지킴이 박영란

제 1부. 가만히 보았니?

제 1부. 마음 창의 삽입 파일

제 2부. 기죽지 마!

제 2부. 개성껏 사는 거야

별 찾기 ☆이해윤

어떤 학자가
말하기를

이 세상 사람들이
하루에 한 번이라도
별을 올려다봤다면
한 사람 한 사람 마음이 따뜻해져
이 세상이 따뜻해졌을 거라고

헌데,
공장 매연이 맘에 안 들었던가?
높은 건물이 얼굴을 가렸나?
에이, 내 마음을 모르는구나.

별 찾기가
하늘에 별 따기 마냥 어렵다.

별 하나
별 둘
내 마음 속 숨어 있는 별들

상처 ☆이해윤

심이 한 꺼풀 벗겨지면
내 마음의 상처는
한 꺼풀 두터워지고

심이 뾰족해지면
내 마음의 상처도
단단해지고

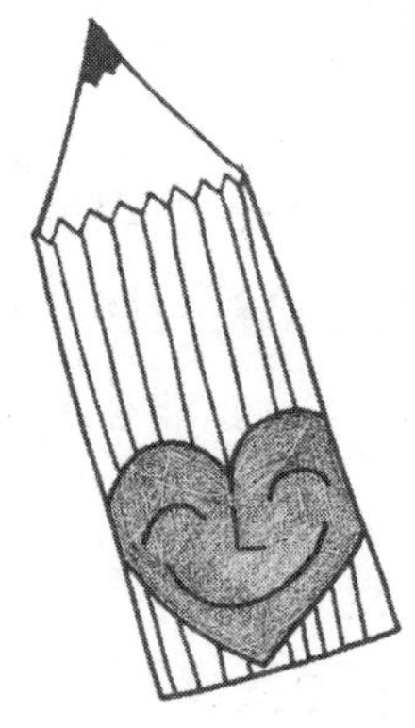

연필가루 비우는 동안
내 마음의 상처까지
아물어가고

연필 한 자루 넣었을 땐
내 마음 속에도
새살이 돋아났다.

무게 ☆이해윤

길바닥 곳곳
보도블록 사이사이
교실 복도 구석구석
고여 있는 고단한 삶의 무게

어른들은 그냥 더러운 침이란다.
어른들은 그냥 나쁜 버릇이란다.
어른들은 그런 애들하고는 놀지 말란다.

오늘도 보였다.
어른들만 모르는
아이들의 삶의 무게가

부스러기 ☆이해윤

과자 먹을 때 나오는
조금의 부스러기
들려오는 어머니의 잔소리
그럴 때마다
나는 소파 밑으로
조금씩 밀어놓았다.

기억도 그런 것 같다.
나는 기억이 사라졌다고 믿었다.
기억은 사라지지 않았다.
내 마음 한 구석
조그만
기억의 부스러기

꿈바라기 ☆이해윤

작가, 화가, 선생님, 의사, 경찰
왜 그리도 꿈이 많았던 건지
모든 걸 다 해보고 싶었던 건지
아무것도 모르는 나이
그 때가 좋았던 것 같다.

나는 지금
장래희망: 옆 빈칸을 놓고
생각해 본다.

원하는 것
안전한 것
결국 그 후자를 선택한다.

우리 모두 같은 미래를 바라본다.
우리 모두 같은 꿈바라기다.

도미노 ☆이연찬

그렇게 서로
책임을 물다가는
모두 쓰러져 갈 텐데

눈에 뻔히 보이는 것을 못보고
서로 미루고 미루며
모두 함께 쓰러져간다.

겉모습만 깍듯한
바보들

독재자 ☆이연찬

죄 없는 이들의
머리를 쳐내 군중을 다스려
시민과의 대립은 날카로워지고
속에 칼을 품은 그는
죄 없는 이들을 깎아내리며
자신의 뱃속을 채운다.

독재자여 깨달으라.
그들은 또 다시 일어선다는 것을
독재자여 기억해라.
그들의 육신을

연필깎이,
그는 지독한 독재자이다.

송진 ☆이연찬

그대에게 천천히 다가가
조금씩
그리고 향기롭게
내 모든 걸 보여주며
스며들고 싶지만
그대는 거부하네.

끈적끈적한
내 모습을 보고
집착이라 생각하며.

ㄲ ☆이연찬

누군가에겐 ‘낄낄’이 되어
입 꼬리를 올려주고

누군가에겐 ‘껄끄러움’이 되어
어두운 남색 같은 어색함을 가져다주고

또 누군가에겐 꿈이 되어
미래를 살짝 엿보게 해주는 ‘ㄲ’

나는 이 ‘ㄲ’을 어떤 의미로
내 입술에 담아두고 있을까?

아침 신문 1면 ☆이연찬

눈을 뜨고 문을 열고
껍질만 슬쩍 바라본 신문

기자가 1면부터
슬픈 그림을 그려 놨다.
아침밥 곱씹으며 읽으니
이게 밥인지 반찬인지
구분이 안 간다.

다음날 기대하며
다시 훑어본 신문

다행히 오늘은 기자가
웃는 그림을 그려 놨다.
생각 없는 아침밥을 씹으며 생각한다.
이분들은 아침밥 잘 드시고 계신가?

꿈 ☆황현진

처음 스케치북을 펼칠 때 나오는
아이들의 깨끗한 마음
그 곳에 색연필 하나 지나가면
생겨나는 아이들의 꿈
실수로 엎질러버린 공부라는 물
한순간에 번진
아이들의 꿈

오리털패딩 ☆황현진

추운 겨울날
나를 위해 사 오신
오리털패딩 하나
100% 오리털이라지만
내겐 따뜻하지 않다

이 패딩에는
몇 마리의 오리털이 들어있을까
털이 뽑힌 오리들은 살아 있을까
나는 따뜻하지만
오리들은 얼마나 추울까
지금 이 순간에도
털 뽑히고 있겠지?

잠 ☆황현진

내가 가장 좋아하고
나를 제일 방해하는 것

책 읽는데 찾아오는 것은 기본
숙제를 방해하는 것은 서비스
자다가 수업 못 듣는 것은 일상

잠을 이겨내려고 물도 마시고
눈도 크게 떠보고 뺨도 때려보지만
깨지 못할망정 더 쏟아지는 잠

언제나 그렇듯이
오늘도 날 찾아와
아무 일 없다는 듯이 가버린다.

지렁이의 말 ☆황현진

몸이 말라가는 것 같아
비가 오기만을 꼬박 기다렸다
며칠 몇 달 동안 기다린 결과
드디어 비가 내리기 시작했다
신이 나서 다른 집으로 구경을 가려하면
사람들은 내가 보이지 않았던 건지
보이면서도 그냥 무시했던 건지
나를 밟고 지나쳐버린다

지렁이도 밟으면 꿈틀거린다.

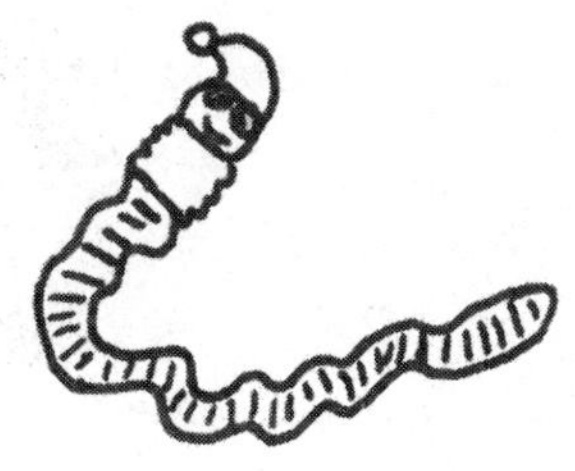

단풍나무 ☆황현진

집 앞에
단풍나무 하나
초록색 옷이 너무 추워
빨간색 옷으로 갈아입었다.
마치 빨간 꽃들이
피어있는 것 같아
쓸쓸한 사람들이
구경나온다.

눈물 ☆김서영

눈에
물이 고인다.
고였던 물이
아래로 떨어진다.
눈에 홍수가 일어났다.
눈에서 아름다운 폭포가 나온다.
폭포가 계속 나오다가
점점 적어지면서 그친다.
스르르
눈이 감긴다

방학과 개학 ☆김서영

방학은 나의 짝사랑이다.
같이 있어도 보고 싶고
그 애가 오면 떨리고 설렌다.
나는 손에 매니큐어를 바르고
염색을 하면서 그에게 잘 보이려고 한다.
그런데 너무 냉정하게도 나에게
다른 과제를 주고 떠난다.

개학은 나의 적이다.
그 애가 나에게 다가오면
나는 욕을 하며 저항을 하고
손에 매니큐어를 다 지운 후
날카로운 손톱으로 그 애와 싸운다.
그런데 짜증나게도 나에게
많은 피로를 주면서 계속 다가온다.

졸음 ☆김서영

그 놈이 온다.
꼭 공부할 때
시 쓸 때
머리를 쓸 때마다
그 놈이 온다.
그 놈은 항상 내게 온다.
하루도 빠짐없이
1시간 마다 내게로 온다.
그 놈,
내가 좋은가 보다.
지금도 그 놈이
내 옆에 붙어 있다.

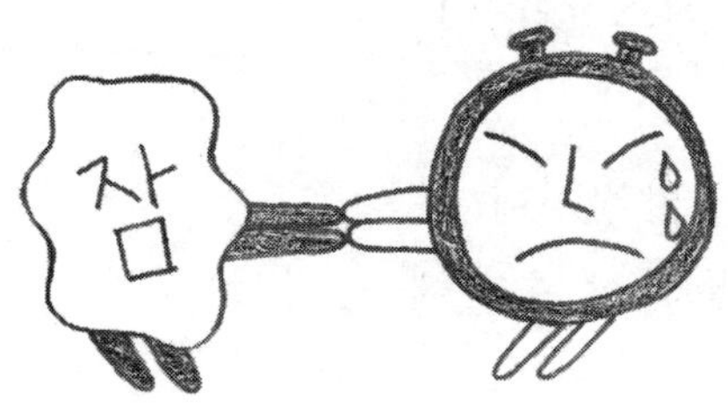

4차원 배꼽시계 ☆김서영

내 배꼽시계는
다른 배꼽시계들과 다르다.

남들 배꼽자명종은
아침 1번
점심 2번
저녁 2번 정도까지 울리지만

내 배꼽자명종은
아침 2번
점심 4번
저녁 2번으로 울린다.
더 많이 울린 적도 있었지만
더 적게 울린 적은 없었다.

이 배꼽시계가 말썽이니
내가 점점 통통해질 수밖에….

친구 ☆김서영

가까워서
더 짜증나고 짜증내고
가까워서
장점보단 단점이 먼저 보이고
가까워서
막 대하고
가까워서
더 성가시고 답답하고

가까워서
편해서
난 왜 친구들에게 그러지?

공 ☆배정환

둥글둥글하게 살지 마라
모나게 살지 마라
만만하게 본다.

그런 말들 속에서
모난 데 하나 없이
둥글둥글
반항하듯 살아간다.

담배 ☆배정환

작은 상자 안에
하얀색 옷을 입은
죄수들이 있다
죄명은 살인이다.

이들과 친했던 사람들은
모두 죽거나 다쳤다.
이들과 뽀뽀를 하면
기분은 좋지만
사람들의 몸은
알게 모르게 타들어간다.

모니터 ☆배정환

얼굴도 네모났고
색깔도 거무튀튀한 게
멍청해 보이지만
그 안에선 뭐든지 가능하다.

마법도 쓸 수 있고
아프리카에 갈 수도 있고
추억들도 볼 수 있다.

그 놈
참 대단하다.

아빠의 속옷 ☆배정환

어느 날 엄마를 도와
옷을 정리하다
아빠의 속옷을 보았다

구멍이 숭숭 뚫려 있고
고무줄이 늘어나 헐렁거린다.

우리에겐 항상
좋은 거 새 거 사주시면서
정작 자신은
언제 샀는지도 모를
낡은 속옷을 입고 계셨다.

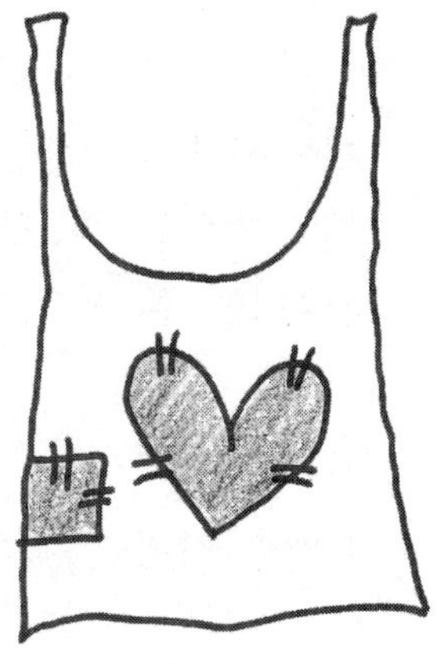

지렁이 ☆배정환

하얀 목걸이를 두른 채
얻는 것도 없지만
땅 속을 헤집는다.

열심히 일을 하면서도
밥은 흙이다.

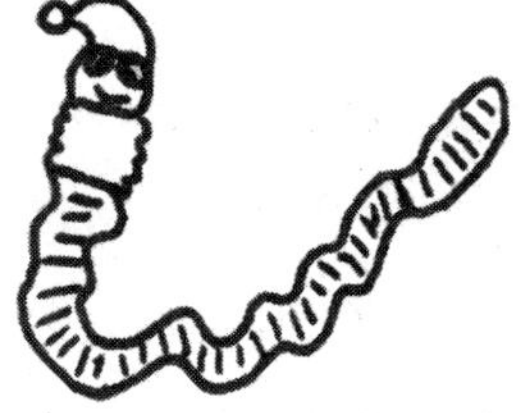

바로 위에서 편식을 하고
반찬 투정을 할 때
지렁이는 흙을 먹는다.

비가 그치고 해가 뜨면
사방에 지렁이 시체다.

변화에 적응하지 않으면
지렁이 시체처럼 된다.
처참히 사회에서 버림받는다.

멸치의 눈 수술 ☆황새연

"눈을 깜박거릴 수 있게 해주세요."
멸치가 성형외과 의사에게 물었어요.

"멸치님은 가망이 없습니다."
수백 번을 다녀 봐도
불치병이라는 말 뿐이지요.

그렇게 멸치가 이곳저곳 다니며 느꼈지요.
감지 않는 눈
그것도 멸치만의 특별한 매력이라고요.

길바닥의 단골손님 ☆황새연

오늘도 길바닥에 버려진 쓰레기
쓰레기는 길바닥의 불청객이다.

쓰레기가 단골손님이라 하지만,
정작 쓰레기가 반갑지 않은 길바닥

길바닥에 쓰레기가 없으면
미소를 짓겠지만
이제는 습관이 되어버려
쓰레기가 필요한 길바닥

오늘도 길바닥을 뒹구는 쓰레기
쓰레기는 길바닥의 단골손님이다.

강아지풀 ☆황새연

복슬복슬한 꼬리를 닮은 강아지풀은
어떻게 태어났을까요?

길 잃은 강아지의 한 방울 눈물 속
작은 풀의 주인이
바람처럼 스쳐갈 때면
항상 꼬리치곤 하지요.

친구 강아지풀이 와서
위로해주고
바람처럼 스쳐갈 때면
다시 꼬리치곤 하지요.

아무에게나 꼬리쳐주다
주인이 올 때는
더욱 심하게 바람이 불지요.
마치 토라진 주인처럼 말이에요.

강아지풀은 언젠가는
따뜻한 주인이 오기를 기다리지요.

봄의 지각 ☆황새연

따스한 봄이 올 날에
꽃도 일어나지 않고
벌도 일어나지 않았어요.

잎이 다 떨어진 나무가
혼자서 생계를
유지하고 있었어요.

우리가 자연을
못살게 굴고 내팽개쳐서
아픈 봄이
늦잠을 자다 지각하나 봐요.

이젠 안 팔아요 ☆황새연

나쁜 마음 사가세요.
거짓말 공짜
미운 생각 아무나
어리광은 아무 때나

나쁜 마음 사가세요.
나쁜 마음 전부 다 사가세요.
거짓말도 모두 다
미운 생각도 모두 다

나쁜 마음
이제는 안 팔아요.
나쁜 마음 이젠 품절 돼서
안 팔아요.

손톱 ☆김다빈

이로 물어뜯으면
저절로 자라는 손톱
질근질근 왜?
손톱을 뜯게 되는 걸까?
고민이 된다.

손톱검사를 맡아야 하는 날
뜯었던 손톱이
엄마의 눈에 박히지 않으면 좋겠다.
그럴 때 내 마음에
엄마의 따가운 눈초리가
손톱처럼 자란다.

구름 그리고 나무와 별 ☆김다빈

너희가 어떻게 태어났는지 아니?
그건 바로 구름, 나무, 별이
도와주었기 때문이지

먼저, 구름이
너에게 생각을 빌려줘서
머리에 풍부한 상상력이 생겼고

나무가 너에게
생명을 불어넣어
손, 다리, 귀, 입, 코가 있게 해주었고

마지막으로 별이 너에게
사랑을 넣어서
너의 엄마와 무지개다리를 이어주었어.

그래서 이렇게 너희들이
건강한 거야!

개미 ☆김다빈

항상 뭐든지 열심히 해서
허리가 제일 얇은 개미
하지만 사람들은
그 마음을 몰라준다.
과자 부스러기 하나 짊어지고 간다고
철없는 아이는 신발로 밟아
개미의 힘든 삶을 망친다.
어쩌면 일꾼으로 살아가는 것보다
사람으로 살고 싶어 할 것이다.

호피무늬 ☆김다빈

친구들과 장난치다가
손목을 때리는 장난을 하였다.
가위 바위 보!!
어!? 너 한 대만 맞자!
찰싹 찰싹
내 친구의 찰진 살이 흔들렸다.
친구의 팔을 보니
발간 호피무늬가 그려져 있다.
멍투성이 호피무늬

돌은 아빠의 마음 ☆김다빈

돌은 아무리 밟아도
안 아픈가 봐
왜냐고? 단단하니까

사람들이 아무리 밟고 또 밟아도
넓은 마음으로 이해해 주는 돌
그건 아빠의 마음

겉으론 돌처럼 강해보여도
속으론 꼬마아이 같은
순수한 아빠

내 손 ☆이원상

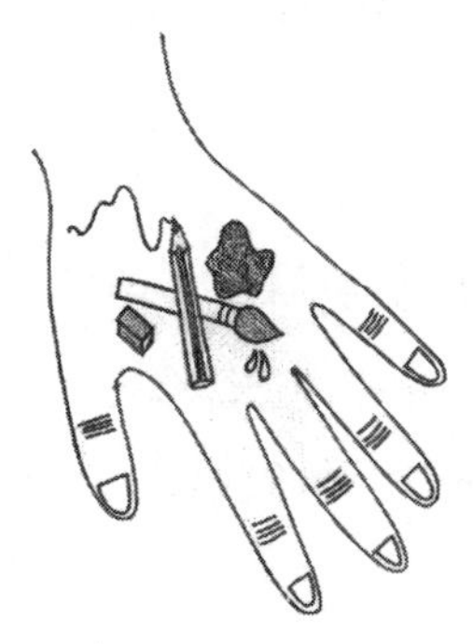

더러운 내 손이
동화를 쓰는
손이 될 수도 있고

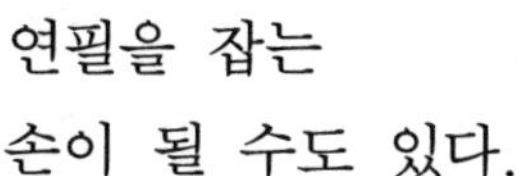

연필을 잡는
손이 될 수도 있다.

많은 일을 하여도
투정하나 없는

아니,
투정할 시간조차 없는
내 손

네 머리는 비어 있니 ☆이원상

공부 하나 못한다고
주변에서 나에게 던지는 말
"네 머리는 비어있니?

이런 소리를 들을 때마다
나는 더욱더
머리를 비우고 싶다.

나도 노력만 하면
공부 잘할 수 있는데……
텅 빈 머리가 외치고 있다.

찬물 한 잔 ☆이원상

"정신 차려!" 말과 함께
찬물 한 잔을 건넸다.

내가 정신 줄 놓고 있을 때마다
누군가 나에게 건네는
찬물 한 잔

이때만큼은
보잘 것 없는 찬물 한잔이
내 머리를 마법같이
말끔하게 해준다.

내가 힘들 때마다
누군가 나에게 건네는
찬물 한 잔

나도 남에게
찬물 한 잔을 건네고 싶다.

꿈 ☆이원상

글자 하나 없는 종이 백지처럼
내 복잡한 마음을
비우고 싶다.

투정 없이 돌아가는 선풍기처럼
내 머리를
돌리고 싶다.

아낌없이 나누어주는 나무처럼
친구들에게 욕심 없이
나누어주고 싶다

나는
완벽해지고 싶다.

메시지 ☆이원상

딩동!
오늘도 어김없이
메시지가 도착했다.

답을 주느라고
내 손이 바빠졌다.

뭐라고 답할지 생각하느라고
머리도 바빠졌다.

나에게 던진 질문 하나
“너 이번 시험 망쳤니?”

메시지 하나에
내 몸은 바빠졌다.

나에게 주고픈 상장 ☆배정희

열심히 공부한 나에게
상장을 수여합니다.

동생의 장난을 받아준 나에게
상장을 수여합니다.

언니의 짜증을 받아준 나에게
상장을 수여합니다.

하지만
열심히 공부하고
동생의 장난을 받아주고
언니의 짜증을 이해해 준 나에게
꼬박꼬박 사랑을 줬던 그 분
어머니께
이 영광을 바칩니다.

선생님 ☆배정희

연필과
내 노력으로
끙끙대며
풀었던
문제들

빨간 펜이
문제위에
비를 그려놓아
문제들이 흠뻑
젖어버렸다

우산이 필요하다.
비를 막아주는 우산
틀리는 것을 막아주는
선생님 말이다.

발자국 ☆배정희

길바닥
촉촉한 땅에
누군가 반짝이를
뿌려놓은 듯
동화 같은
한 가닥 길

그 옆,
같이 가자는 듯
또 하나의
진주 같은 길

비오는 날,
유난히 반짝거리는
달팽이와 지렁이의
발자국

다 숨었니 ☆배정희

발이 달린 것?
사람
동물
곤충
그리고
내 핸드폰

내 핸드폰은
나와 숨바꼭질하고
싶은가 봐.

핸드폰이 필요할 때면 그때마다
꼭 없어지는 거 있지?

그런데
정말 신기한 건 말이야.
지금도 핸드폰이
나와 숨바꼭질하려고
또 숨었어.

"꼭꼭 숨어라, 머리카락 보인다.
다 숨었니?"

손톱 ☆배정희

일 가장 잘하기로 소문난
손에 찰싹 붙어
같이 고생하는
열 개의 손톱들아!

몸 안에
더러운 먼지가 껴도
일만하는 손톱들아!

한 때는 매니큐어
옷을 입었지만
지금은 상처만 남은
손톱들아!

정말 미안해.
오랫동안 같이 살려고 했는데
이미 엄마 손에는
손톱깎이가 쥐어져 있어.

길 ☆심윤지

갓 태어난 아기 도로
사람들이 밟고 다니는 것에
적응을 못했다.

이제 성숙한 여인
빨간색과 회색으로
예쁘장하게 치장한다.

아이구야, 이제 할머니
사람들이 밟고 다니는데
시원하다고,
몸무게가 많이 나가는 사람을 좋아하신다.

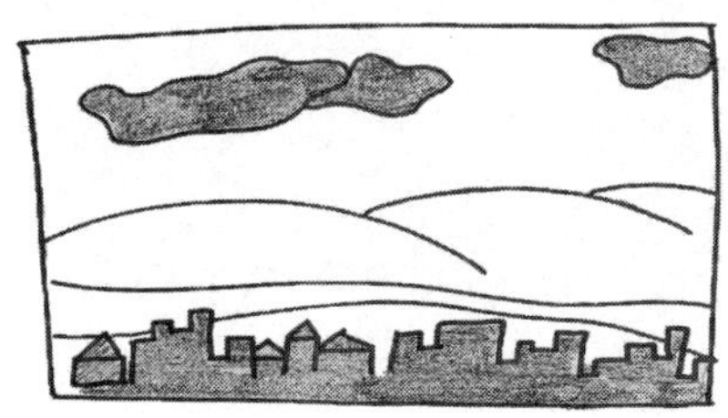

어찌하리 ☆심윤지

엄마가 하는 한 마디
엄마가 하는 잔소리

정말 지겹지만
정말 짜증나지만

그래도 어찌하리.
내가 사랑하는
우리 엄마인데

딸이 하는 한 마디
딸이 하는 불평 소리

정말 한심하지만
정말 걱정되지만

그래도 어찌하리.
내가 사랑하는
우리 딸인데

액자 ☆심윤지

멋지지도 않은 사진
특별하지도 않은 사진

포장만 거추장스럽게 해놓고선
멋진 그림인 척
폼만 잡는 액자는

요즘 사람들의
번지르르한 그 모습을
똑 닮았다.

난생 처음 ☆심윤지

세상이 아름답다는 걸 느꼈을 때
난생 처음
맑고도 맑은 햇빛을 보았다.

세상이 넓다는 걸 느꼈을 때
난생 처음
눈이 두둑이 쌓인 산을 걸었다.

계절이 들려주는
정겨운 노랫소리에
내 마음도 노래를 불렀다.

칠판 ☆심윤지

짙은 녹색 잔디밭에
하얀 눈송이가 살포시 앉더니
선선한 바람이와 눈송이를
홀랑 데려가 버린다.

선생님 글씨
고이고이 묻어있는 칠판에
경쾌한 소리 나는 분필로 탁탁
스르르륵 뱀 같은 지우개가 올라와
스윽 지워버린다.

급행열차 ☆강하영

“저, 저기요! 저 좀 태워주세요!”
오늘도 행복이라는 손님은
마음 역에 도착한 급행열차를
놓치고 말았어요.

“기사님! 잠깐만 기다려주세요!”
여유라는 손님은 자리가 없어서
타지를 못했대요.

급행열차는 정신없이
돈, 사랑, 욕심을 태우고 다니느라
정작 VIP 고객은 놓치고 맙니다.

동생 잃어버린 날 ☆강하영

한가로이 동생과 놀고 있던 날,
펑! 폭탄이 터졌다.

잠깐! 한눈판 사이에
주영이가 전쟁을 일으켰다.

"강주영, 주영아!"
연합군인 서영이와 엄마도 모여
조마조마 마음 졸이며 외친다.

그 때 펑! 폭탄이 터졌다.
어디선가 날아온 동생 녀석

결국은 우리 연합군의 승리
우리 셋은 "이놈" 하며
핵폭탄 급 잔소리를 내뱉는다.

풀뿌리 ☆강하영

텔레비전에서 봤던
풀뿌리 붓

철퍽철퍽 먹물을 묻혀
철썩철썩 화선지에
자연을 묻힌다.

들판에서
거칠게 숨 쉰 풀뿌리
화선지 위에서
거칠게 그려낸다.

마음 창의 삽입 파일 ☆강하영

한 시간에도 수십 번씩
삽입하는 오늘

동생과 싸우다가
미운 마음 삽입하고

뛰어가다 넘어지면
눈물 한 방울 삽입하고

짝꿍의 새 샤프를 보며
질투 한 줌 삽입하고

하루 종일 삽입하며
정신없이 지내면서도
자기 전에는
반성 한 줄 삽입한다.

늙어버린 동전 ☆강하영

"한 때는 좋았었지."
"젊었을 적엔 내가 최고였어!"

늙어버린 동전들은
오늘도 지갑 속에서
신세한탄을 늘어놓는다.

뭐가 그리 대단했는지
주저리 주저리 주저리
이야기의 끝은 보이지도 않는다.

그렇게 억울해도 소용없어.
세월은 이미 떠나버렸는 걸.

매니큐어 ☆정유진

간만에 예쁘게 발랐는데
단 한 번의 실수로
망치고 말았다.

세상도 그렇지 않을까?
실수 하나로도
신뢰와 명예를 잃어
결국 망치고 마는

그래도 괜찮아.
지우고 다시 바르면
실수 따위는 보이지 않으니까.

전부 다 잃어도
같은 실수 반복하지 말고
다시 쌓으면 되니까.

하늘색 ☆정유진

하늘색이
무슨 색일까?

석 달 전 하늘은
복숭아 빛

해질녘 하늘은
오렌지 색

오늘 하늘은
블루베리 색

비올 때 하늘은
검은 콩 색

하늘색은 이렇게나 많은데
왜 다 하늘색을
연한 파란색으로만 생각할까?

뾰루지 ☆정유진

얼굴에 갇혀있던 뾰루지
"으아, 답답해라! 빨리 나와야지."
꿈틀 꿈틀거리다가
빠끔 튀어나온 뾰루지
심통이 빠끔 튀어나왔다.

"아이! 짜증나!"
"갑자기 왜 이러니?"
엄마가 내 얼굴을 살피다가
뾰루지를 발견했다.
그리고는 뾰루지를 뾱! 짜버렸다.
나의 심통도 함께 뾱! 짜버렸다.

올챙이들의 축제 ☆정유진

하얀 종이 위에
그어져 있는 선
그 위에서 올챙이들이
춤을 춘다.

검은 턱시도를 입은
올챙이도 있고
새하얀 드레스를 입은
올챙이도 있다.

올챙이들의 시중을 들어주느라
내 손은 오늘도
피아노를 친다.

탄산음료 ☆정유진

탄산음료는
치익! 딱! 하며
뚜껑을 연다.
한 모금만 마셔도
목이 찌릿찌릿하다.

사람은
욕을 하면
뚜껑이 열리고
안 좋은 말 한 마디만 해도
마음이 찌릿찌릿하다.

결국 사람은
탄산음료다.

새장 속에 갇힌 새 ☆강경성

새장 속에 갇힌 새는
말을 하지.

나도 저 밖에 새들처럼 날고 싶다고
맹수에게 잡혀도 좋다고
넓고 넓은 저 푸른 하늘을 날 수만 있다면

먹이를 제 때에
먹지 못해도 좋다고
이 나무 저 나무 자유롭게 다닐 수만 있다면

새장 속의 새들은
위험천만한 자연 속에서
가슴을 조아린 채로 사는 새들을
부러워하지.

옷걸이 ☆강경성

옷걸이는 누군가가
그만하라고 이젠 쉬라고
내려줄 때까지
옷을 들고
열심히 턱걸이를 하지.

그러다 누군가가 건드리면
떨어질랑 말랑하다
결국 "툭"하고 떨어지지.

그러곤 누군가 다시
턱걸이를 해줄 때까지
지친 몸을 충전하려고
바닥에 뻗어있지.

고마운 바람 ☆강경성

봄바람은 꽃들에게
겨울을 나느라 수고했다고
춥지도 않고 덥지도 않게
따뜻한 바람을 보내주지.

여름바람은 꽃들에게
덥지 말라고
비와 함께 시원한 바람을 보내주지.

겨울바람은
바깥 날씨가 춥다고
눈이 온다고
땅밖으로 나오지 말라고
차갑고 매서운 바람으로
경고를 해주지.

바람은 꽃에게
고마운 존재지.

검은 세상 ☆강경성

우리 세상은
검은 세상

전쟁, 질투, 싸움 있는
이 세상은 검은 세상

노숙자, 거지, 죄수가 있는
이 세상은 검은 세상

하지만 우리 모두 하나 되어
남을 위해 도와주고
남을 위해 희생하면
하얀 세상이 될 거야.

눈이 온 겨울 ☆강경성

나무도 아파트도 길도
모든 것이
하얀 옷을 입은
눈이 온 겨울

하얀 눈에 비쳐
환한 밤길과
하얀 눈에 비쳐
더 눈부신 아침

내 마음에도
눈이 오고 있다.

욕 ☆김린화

마음 감옥 깊숙이
욕을 넣어놓았다.

언제나 자물쇠와 키를
바꾸어 놓아도

동생이 말 안들을 때
불쑥

화가 날 때
불쑥

감옥을
어디든 바꾸어 놓아도
감옥을 뚫고
튀어 나온다.

고드름 ☆김린화

지봉 끝에 대롱대롱
일렬로 줄 서 있는 고드름

거꾸로 매달려 있어 슬픈지
햇볕에게 야단맞아 슬픈지

하염없이
울기만 합니다.

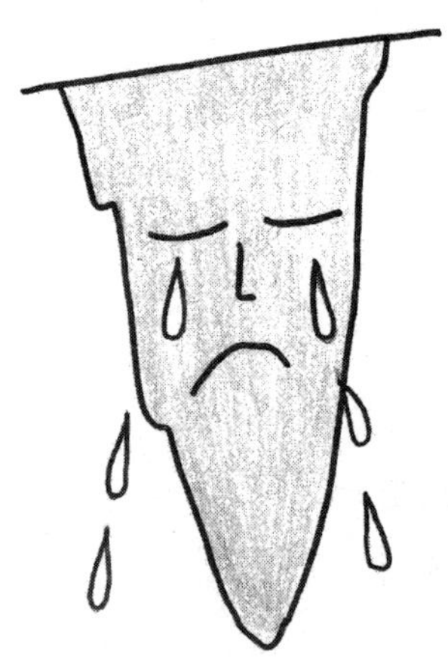

봄의 십자수 ☆김린화

따스한 봄날
나는 집 밖을 내려다보았다.

엄마가 십자수를 놓은 듯
갈색 바탕의 천에
빨강색, 핑크색, 흰색 꽃들과
파릇파릇 새싹들이
고운 실이 되어
천위에 놓여있다.

아름다운 봄을 새겨놓은 이 천을
내 손수건으로
쓰고 싶다.

별들의 대장, 달 ☆김민화

별들의 대장은
달이다.

크고 둥근 보름달이 되면
별들은 복종한다는 의미로
빛을 줄인다.

하지만 그믐날이 되면
별들은 기다렸다는 듯이
온 힘을 다해
번쩍번쩍 빛을 내며
대장이 되기 위해 싸운다.

싸움에서 진 별들은
지구에 부딪혀 별동별이 된다.

저녁노을 ☆김린화

나무에 걸쳐있는 해는 누가
빨갛게 칠했을까요?

그야, 나무들이 칠해 주었지.

우리들이 예쁜 노을 보며
잠시 쉬라고
어여쁘게 색칠했지요.

당연히 잘 자라는 말도
잊지 않았죠.

퉁퉁 부은 마음 ☆배성열

친구가 한 말에
부어오른 내 마음

며칠 째 호빵처럼
퉁퉁 부르터 있다.

위는 먹으면 먹을수록
고무처럼 늘어나는데

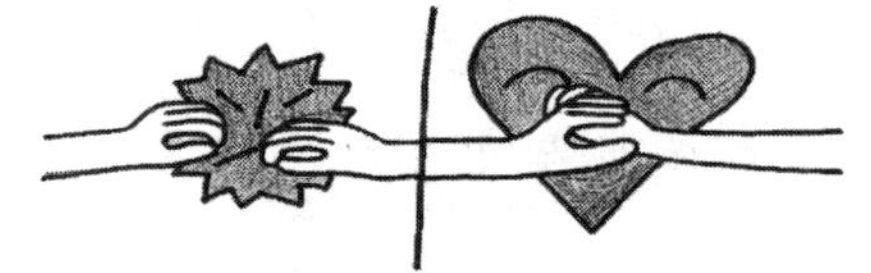

내 마음은 왜 늘지 않고
부르트기만 할까?

내 좁은 마음아,
넓은 피자처럼 커지면 안 되겠니?

발꼬락 ☆배성열

꼼지락 꼼지락
꼼지락 발꼬락

꼬물 꼬물
꼬물꼬물 발가락

꼼지락은 발꼬락
꼬물꼬물은 발가락

내 발은 발꼬락
누나 발은 발가락

난 아직 촌스러운 발꼬락이 좋아
하지만 언젠가는 발가락이 되겠지.

다섯 개의 문 ☆배성열

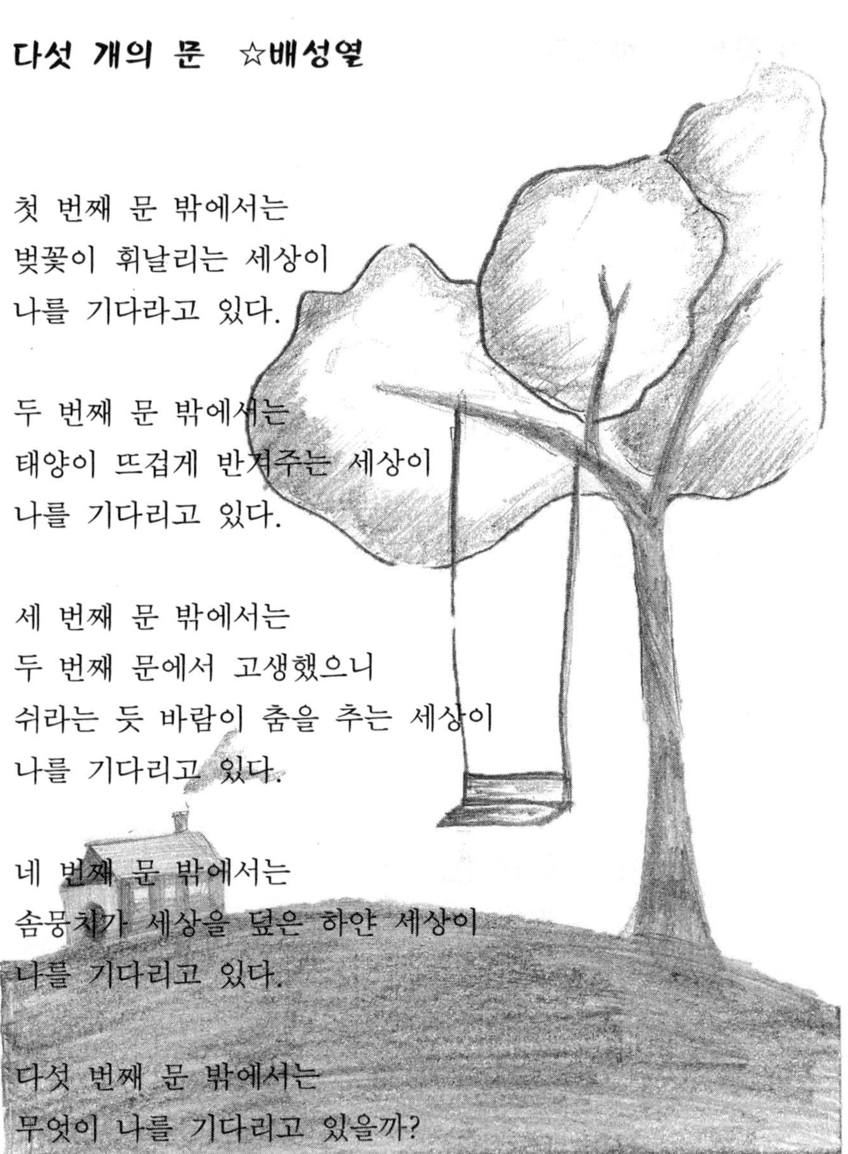

첫 번째 문 밖에서는
벚꽃이 휘날리는 세상이
나를 기다라고 있다.

두 번째 문 밖에서는
태양이 뜨겁게 반겨주는 세상이
나를 기다리고 있다.

세 번째 문 밖에서는
두 번째 문에서 고생했으니
쉬라는 듯 바람이 춤을 추는 세상이
나를 기다리고 있다.

네 번째 문 밖에서는
솜뭉치가 세상을 덮은 하얀 세상이
나를 기다리고 있다.

다섯 번째 문 밖에서는
무엇이 나를 기다리고 있을까?

깡통들의 환영식 ☆배성열

사람들이 깡통을
"휙휙" 내던져 버립니다.

재활용품 통에 가보니
깡통들이 반갑게
맞이합니다.

조금 어색하지만
마음속에 '희망'이란 꽃이
점점 피어오르는 깡통

"이제 공장에 가면 새롭게
태어날 수 있을 거야!"
깡통은 그렇게 믿고 있습니다.

검은 피부 ☆배성열

나의 검은 피부
남들보다 더 검은 피부

남들 피부는 뽀얀 하얀색
내 피부는 까무잡잡한 검은색

주변에선 괜찮다고 하지만
뭐가 괜찮은 걸까?

나중에 내가
아프리카 흑인이 되진 않을까?

햇빛 없는 방 안에서도
무작정 선크림부터 바른다.

이제부터 2부랍니다.

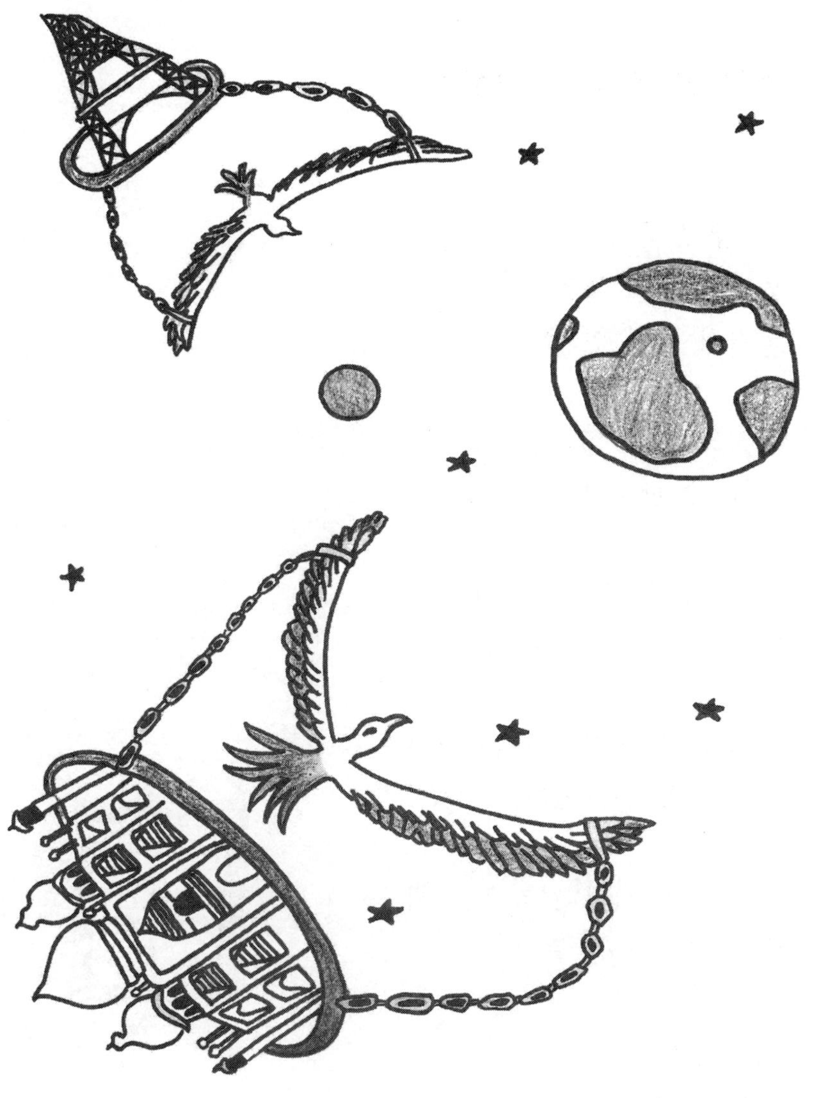

그림 · 배정환

추억 한 조각 ☆배성열

내 방 구석에
먼지와 함께 누워 있는
구겨진 종이 한 조각

먼지를 파헤치고 꺼내보니
일곱 살 때의 나의 모습

파마머리에 귀여운 뱃살
뽀얀 피부와 동그란 손

어렸을 때 나의 모습을 보라는 듯
구겨진 종이가 있다.

구겨진 종이 한 조각을 펴서
네모나게 접어놓는다.

7년 전 나야,
이제 먼지 속에서 벗어나
책상 위에서 살렴.

세 가지 ☆배성열

“그래, 나 뚱뚱한 해삼이다!”
“그래, 나 촌티 나는 멍게다!”
“그래, 나 키 작은 성게다!”

강북에는 강북의 멋쟁이 있고
강남에는 강남의 스타일 있지
수산 시장에는 우리가 있지!!

기죽지 마.
모두 개성껏 사는 거야!

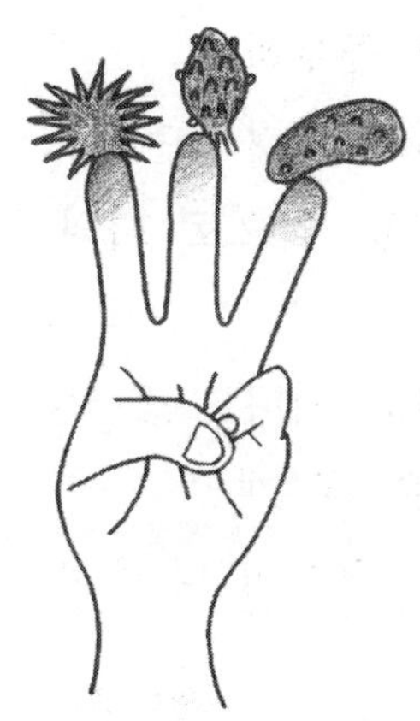

기다리고 기다리던 시간 ☆배성열

학교에서
기다리고 기다리던 시간은
노래가 온 학교에 울리는 쉬는 시간

학원에서
기다리고 기다리던 시간은
공부하다 집에 가는 시간

집에서 공부하다
기다리고 기다리던 시간은
"아들, 밥 먹으로 나와."

기다리고 기다리던 시간이 오면
내 발은 네 개
속도는 평소의 다섯 배가 된다.

찢어진 청바지 ☆배성열

오랫동안 입은
나의 친구 청바지

놀다 찢긴 청바지
멋 부리려고
구멍을 더 크게 크게
가위로 싹둑 싹둑

청바지가 실망한 듯
우정의 끈을 싹둑 싹둑

서투르지만 다시
우정의 끈을
바느질로 이어본다.

실로 덮인
나의 청바지

쓰레기 한 움큼 ☆배성열

쓰레기 한 움큼 집어 올리면
자기도 날고 싶다고 몸부림치는
먼지가 있겠지.

쓰레기 한 움큼 날려 버리면
언덕너머 날아가고픈
할머니 주름살 같은 종이가 있겠지.

쓰레기 한 움큼 '후'하고 불어주면
모두 모두 신난다고 소리치는
소망이 있겠지.

성열이에게

너의 삶을 위해

윤지향

작고 여리게 세상에 나온 아이
숨을 제대로 쉬지 못해 인공호흡기로
겨우 숨을 쉬던 아이
초등학교 입학 후
바람이 많이 불어서 날아갈 것 같다고
울며 전화하던 작은 아이
그런 네가 어엿한 중학생이 되는구나.

긍정의 힘으로 어려움을 극복할 수 있도록
꿈을 향한 열정으로 네 꿈을 펼칠 수 있도록
앞으로 펼쳐질 너의 삶을 위해
엄마는 늘 기도한단다.
성열이의 이름처럼 거룩하고
열정적으로 주님을 섬기며
이웃을 네 몸과 같이 사랑하기를 바란다.

오직 여호와를 앙망하는 자는
새 힘을 얻으리니 독수리가 날개 치며 올라감 같을 것이요,
달음박질하여도 곤비하지 아니하겠고
걸어가도 피곤하지 아니하리로다.
(이사야 40장 31절)

냉장고 학교 ☆김린화

몇 십 년 전에 생긴
냉장고 학교

한 해의 방학이라고는
일주일 정도밖에 없다.

그래도 인기가 좋은
냉장고 학교

엄마 손길에 끌려
입학하는 오이학생, 오렌지학생

언젠가 졸업할 날을 기다리는
채소, 과일 학생들

우리 아빠는 하늘이에요 ☆김민화

우리 아빠는 하늘이에요.

구름이 한 점도 없을 때는
정말 잘해주시고요.

구름이 있을 때는
뭐 그럭저럭 잘해주시고요.

비가 올 때는 건드리면 안돼요.
언제 번개가 칠지 모르거든요.

하늘나라 가로등 ☆김민화

밤이 찾아오면
도시에 가로등이
하나 둘 켜진다.

하늘나라에서도
가로등이
하나 둘 켜진다.

어둠이 물러가면
도시의 불도
하늘나라의 불도
하나 둘 꺼진다.

지구의 내복 ☆김린화

어젯밤 내린
새하얀 눈
아파트와 길에 두텁게 쌓인 눈

우리 눈에는 눈이
장난감 같이 보이지만
지구는 눈이
겨울의 추의를 막는 내복이다.

어젯밤에 쌓인 눈
우리가 가지고 놀까?
아니면 지구의 내복을
꼼꼼히 덮어줄까?

입아! 입아! ☆김진화

입아! 입아!
내가 기분이 좋을 때
좋은 말을 해줄래?

내가 기분이 안 좋을 때
심한 말을 하지 말아줄래?

내가 음식을 먹을 때
적당히 먹어줄래?

내가 공부할 때는
쫑알대지 좀 말아줄래?

입아! 입아!
내가 말한 부탁
꼭 들어줄래?

린화에게

딸래미

박은희

어느덧
중학생이 되는 내 딸래미

교복 입은 모습 보니
어~벌써

키만한 책가방 메고
내 손 잡고 학교 가던 딸래미

이젠 나만큼 키도 컸지만
마음은 애어른이 되어버려

내 친구가 되어버렸네
나도 친구가 되었었는데

슬그머니 찾아드는 그리움
나도 딸래미인 것을

아, 10시가 지났구나!
뭣이 바빠 연락 한 번 제대로 못하고
미안한 마음만 가득하네.

그리운 목소리 듣지 못하니
촉촉이 젖어드는 눈망울

나도 딸래미
너는 내 사랑하는 딸래미

물의 두 얼굴 ☆강경성

우리에게 꼭 필요한 물
하지만 물은 두 얼굴을
가지고 있지.

식물을 자라게 하고
사람이 태어날 때부터 함께하고
사람을 살 수 있게 해준 물

하지만 물이 도시를 잠기게 하고
사람을 덮쳐 죽이고
너무 많이 마셔서 죽게 하는 물

물은 우리에게 병 주고 약 주는
두 얼굴을 가졌다.

이 빼는 날 ☆강경성

흔들흔들
대롱대롱
내 입안에서
이빨이 심하게 흔들린다.

낼름낼름
할짝할짝
입안에 있는 내 아름다운 혀가
흔들리는 내 이빨을 자꾸 건드린다.

그러다가 "틱!"하는 소리와 함께
내 흔들리는 이빨이 입안에서 나온다.
섭섭함과 시원함
그 순간 입을 헹구러
화장실로 달려가는 나

인생의 산 ☆강경성

우리에게 있는
인생의 산

초등학교는
가현산 등반

중학교는
백두산 등반

대학교는
에베레스트 등반
우리에게 있는 인생의 산

이 산들을 넘는 동안은 힘들지만
넘어가면 행복이 있는 산

이 산들을 넘어야
인생의 성공

새벽 ☆강경성

새벽에 일어나기
참 힘들다.

힘들게 일어나서
숨을 들이마시면
막혔던 코가
뻥 뚫리고
정신이 번쩍
머리가 맑아진다.

남들이 자고 있는
파란색 세상
정말 시원하다.

연필의 부탁 ☆강경성

연필은 우리에게 부탁을 하지.

칼로 깍지 말고
연필깎이로 예쁘게 깎아 달라고
연필은 우리에게 부탁을 하지.

머리카락이 사라지면
머리만 깎아 달라고

다리를 깎아
이름을 쓰지 말라고

연필은 우리에게 부탁을 하지.

쓰다 말고 서랍에 두지 말고
닳아 없어질 때까지 써 달라고

경성이에게

소중한 선물

유 미

사랑하는 아들아!
널 생각하면
아빠 엄마는 살며시 미소 지어진다.

너는 우리에게
하나님께서 주신 귀한 선물
우린 서로에게 소중한 선물이란다.

우리를 부모와 자녀로 만나게 해주시고
지금까지 널 눈동자처럼 지켜주시고
믿음의 아들로 인도하여 주신
좋으신 하나님께 감사드린다.

앞으로의 삶도
주님께 모두 맡기고
우리 함께 밑그림을 멋지게 그려나가자!
우리와 늘 동행하시는 하나님께서
최고의 걸작품으로 너의 인생을 완성해 주실 거야!

올해 열네 살이 된 아들아!
주님이 주신 꿈과 비전을 갖고
멋지고 행복하게 살길…
축복의 통로가 되리라 믿고 널 위해 기도한다.

초등학교 시절의 아름다운 마무리로
멋진 시집을 출간하게 되어 잘 지도해주신
박영란 선생님께 너무 감사드린다.

자랑스러운 리틀 시인들!
멋진 추억 함께해서 감사하고
모두 축하하고 축복한다. 앞으로도 더욱 기대하며….

숲속에 툭 ☆정유진

사람들이 산에 가다
가방에 손을 쓰윽
집에 가서 버리려던
쓰레기를 숲속에 툭

담배 다 핀 사람들도
주머니에 손을 쓰윽
뭐 찾는 척 손 집었다
담배를 숲속에 툭

모두들 숲속에 툭, 툭
숲은 눈물을 툭, 툭

24시간 ☆정유진

사람들은 모두
24시간을 가지고 있다.
더 가질 수도 없고
더 버릴 수도 없고
전부 다 한정된 시간을 가지고 있다.
거지, 노동자, 부자 모두 가지고 있는
우리가 정한 시간
24시간

하지만 이 시간이
부족한 사람이 있다.
밥하랴 빨래하랴
24시간이 모자란 한 사람
바로 우리의 어머니시다.

먹구름 ☆정유진

몽실몽실 몽글몽글
사람들 머릿속에
구름이 몰려온다.
새카만 먹구름이 몰려온다.

‘회사 떨어지면 어쩌지?’
‘시험 못 보면 어쩌지?’
하지만 먹구름이 가고 나면
언제나 햇빛이 있다.

흐린 뒤에는 언제나 맑음
걱정들이 가고나면
언제나 행복이 있다.

한 올 ☆정유진

새로 산 니트
산지 얼마 되지 않았는데
벌써 한 올 빼꼼 튀어나왔다.

뭐가 그리 급할까.
뒤에 누가 쫓아오듯 허겁지겁 삐져나왔다.
마치 하기 싫어서 도망쳐 나온 것처럼

왠지 모르게
가기 싫어도 학원에 가야하는
내 모습 같아서
싫어도 조금만 견디라고
가만히 볼펜으로 넣는다.

전쟁 ☆정유진

시계바늘이란 활이
8과 12를 향해 화살을 쏘았다.
요란한 경보음과 함께
누군가가 소리친다.
“모두 일어나세요!
적이 공격을 시작했습니다!”

어느 새 시계바늘은
12에서 2로 이동하고 있었다.
8도 약간 9쪽으로 갔다.
“어서 밥을 먹으세요!
적이 접근하고 있습니다!”

시계바늘은 8과 9의 가운데와
6에다가 화살을 쏘았다.
“어서 피난처로 대피하세요!
피난처는 ‘학교’라는 곳입니다!”

피난처에서까지 ‘졸음’이라는
총알들이 날아 들어왔다.
갑자기 함성소리가 들렸다.
시계바늘은 힘없이
3과 12를 가리켰다.
총알들도 멈췄다.
“만세! 우리가 이겼습니다!
이제 집으로 가도 좋습니다!”

내일도 계속 될 시계와의 전쟁

유진이에게

언제나 사랑해

김세인

북한에서 쳐들어오지 못하는 이유가
중학생들 때문이라지??!!
무서운 사춘기가 다가오고 있구나.

누구나 겪는 거라지만,
조금만 약하게 많이 아프지 않게
지나가길 기도한다.

남의 아이 보듯 내 아이를 보라는
누군가의 말처럼

너에 대한 지나친 기대와 욕심을 버리고
한발자국 뒤에서 여유를 갖고
지켜보도록 노력할게.

살랑살랑 봄이 오려나 봐.

중학생이 된다는 압박감에서 벗어나
파란 하늘도 보고 봄의 기운도 느끼고
친구들과의 작은 추억도 소중히 여기는
여유로운 사람으로 성장해주렴.

작은 일엔 발끈해도
큰일엔 너그러운 엄마가
언제나 너의 뒤에서
널 응원하고 있을게.
언제나 사랑해!

1등이 아니라도 괜찮아 ☆강하영

1등에 목숨 걸고
1등에 매달리는
우리들

“1등이 아니라도 괜찮아.”
“2등이어도 괜찮아.”

1등만 고집하는 친구들에게
말해주고 싶은 한마디

1등이 아니라는 이유만으로
좌절하는 친구들에게 주고 싶은
위로의 약

어쩌면 이럴지도 몰라 ☆강하영

어쩌면
내 짝꿍이
괴물로 변할지도 몰라.

어쩌면
내 동생이
다리 밑에서 주워 온
아기일지도 몰라.

어쩌면
음악책 음표들이
나를 향해 공격할지도 몰라.

누구나
나의 상상을
이해하지 못하겠지만

어쩌면
내가 4차원에서 온
외계인일지도 몰라.

할머니의 검버섯 ☆강하영

구릿빛 나무에
올록볼록 튀어나온
검버섯

아이 여섯 키우느라 생긴
검버섯도 있고

먹여 살리려고 생긴
검버섯도 있다.

넓은 벌판 위에 생긴
검버섯 하나하나

할머니의
땀과 눈물이
굳어 생긴 버섯들

나의 따뜻한 한마디로
검버섯을 지우고 싶다.

산소 호흡기를 낀 지구 ☆강하영

응애~
어느덧 지구가 태어난 지
수십억 년

이제는 지구도
할아버지가 됐나 봐요.

같이 살던 사람들이
내뿜는 온실 가스에
마구 버리는 쓰레기들에 묻혀

헐떡헐떡 숨 쉬기 힘들대요.
점점 열은 오르고
숨은 조금씩 가빠지고

이제는
산소 호흡기를 끼고
겨우 겨우 살아갑니다.

지구 반대쪽의 친구들 ☆강하영

저어기
수평선 너머에도
친구가 살고 있어요.

우리가 학교 갈 시간에
십리 밖 우물에서
흙탕물을 떠오고

우리가 학원 갈 시간에
동생들을 간호해주고

우리가 늦잠 잘 시간에도
소박한 아침을 차리는 친구들

나이는 같은데
지구 반대쪽의 친구들은
왜 이렇게 바쁜 걸까요?

하영이에게

사랑과 믿음 사이

박승교

너와 나의 사랑을
어떻게 지켜야 할까?
무조건 너의 편이
되어 주어야 할까?
이도 저도 아닌
믿음의 도를 지켜야 할까?
나의 말이 나의 마음이
좀 더 분별 있는 힘으로
세상의 희망이 되길 원한다.
무조건 네가 바라는 말과 행동보다는
때로는 침묵하는 지혜를 배우고 싶다.
때로는 진통을 겪는 아픔의 시간,
고독의 시간이 주어져도
이겨내고 싶다.
먼 훗날 맺을
아름다운 열매를 위하여

시험계획서 ☆심윤지

시험 전 날 공부하기
외워지지 않는 것도
머리에 꾸역꾸역 넣기

시험 전 날 놀기
긴장 풀라고, 두려워하지 말라고
나 혼자서라도 한바탕 놀기

시험 전 날 칭찬받기
자신감 돋을 수 있게
많이 맞을 수 있게
지인들에게 칭찬받기

이렇게 해서 시험 당일엔
백점 맞기!

맛없는 게 그리울 때 ☆심윤지

엄마가 만든 음식이
싱거워서 맛없다고 했을 때

언젠가 아빠가 내게 말씀하신 적이 있다.
맛없는 게 그리울 때가 있을 거라고

싱겁고 맛없는 국이
엄마가 끓여준 국이
그리울 때가 있을 거라고

무슨 말인지는 모르겠지만
왠지 모르게 가슴 한 켠이 짠했다.

함께 ☆심윤지

무언가와 함께
누군가와 함께

오랜 시간이든
짧은 시간이든

함께라면
정이 남는다.

추억과 함께
기억과 함께

함께라면
그리움이 남는다.

함께라면.

네임 펜 ☆심윤지

“왜 맨날 똑같은 것만 써?”
항상 ‘심윤지’라는 이름만 쓰는
네임 펜이 물었다.
“왜, 맘에 들지 않니?”
“응, 너무 지루해. 좀 다른 걸 쓰고 싶은데.”

“자, 됐지?”
하트를 이름 옆에 그려주니
네임 펜은 화가 풀렸다.

회장선거 ☆심윤지

오늘은 회장선거 날
내가 안 뽑혀도
내가 회장이 안 돼도
웃으며 넘어가자.

개표시간
아깝게 나는 회장이 되지 못했다.

울지 말아야 하는데
웃으며 받아줘야 하는데
자꾸 눈에선 눈물이 나온다.

윤지에게

아기 고래 잡는 어부

심현국

뭐가 그리 좋은지?
무슨 얘기가 그리 많은지?
그 속에서 헤어 나오지 못하네.

뭐가 그리 궁금한지?
무슨 흥미로운 일이 있는지?
핸폰이란 바닷속이 신나서
어쩔 줄 모르는 아기고래

나는 세상 제일의 고래 잡는 어부

숨도 차고 배도 고플 텐데
얼굴 한 번 보여 줄 듯한데
마냥 바닷속 아기고래는
이젠 어미고래 맘으로도
최고의 고래 잡는 어부로도
혼란의 바다에서 잡지 못하네.

사랑스런 아기고래만
끝없이 따라다니는 난
그냥 딸 바보 아빠라네.

지우개 ☆배정희

공책 위에 있는
모든 것을 지워내
공책의 기억을
없애주는 지우개

교과서 위에 있는
내 글씨체를 지워내
교과서의 기억을
없애주는 지우개

공책과 교과서는
지우개를 좋아한다.

아픈 기억을 지워줄 수 있으니까

하지만 지우개는
자신의 아픈 기억을
아직 지우지 못했다.

눈물 자국 ☆배정희

눈이 붓도록 운 날
눈물이 펑펑 내렸다.

이불속에 떨어진 눈물 자국은
이불 속에만 파묻혀
아무 말 않고
가만히 있었다.

무슨 일이 있나
이불을 들춰보니
눈물 자국은 이불 속에서
서러움을 풀어내고 있었다.

아, 그렇구나!
눈물 자국은
나보다 더 울보였구나!

그 순간 내 눈물은
멈춰버렸다.

꿈 ☆배정희

미술선생님이
그려주신
폼 나던
연필 잡은 손

선생님이 그려주신 그림 따라
삐뚤삐뚤
다시 한번 그려본다.

선생님은
내가 그린
삐뚤삐뚤한 손을
다시 반듯하게
고쳐주셨다.

먼 미래에
내가 그렸던 손으로
어린아이의 손 그림을
고쳐주기로 했다.

달라도 너무 다른 ☆배정희

교과서에서는?

친구들과 싸우지 마세요.
선생님의 말씀은 잘 들으세요.
부모님께는 효도하세요.
어른들께 인사 잘하세요.

현실에서는?

친구들과는 욕하며 싸워요.
선생님의 말씀은 무시해요.
부모님께는 반항해요.
어른들께 고개만 대충 숙여요.

달라도 너무 다른
교과서와 현실

초콜릿 ☆배정희

야금야금
고양이처럼
초콜릿을
한 움큼
베어 문다.

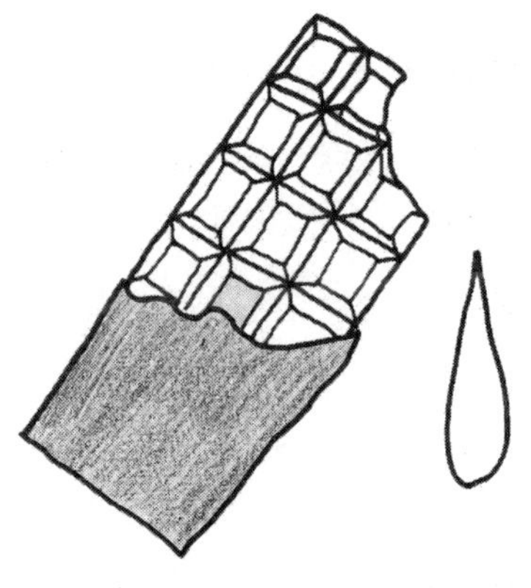

내 손의 열기 때문에
초콜릿이
검은색
눈물을
흘리고 있다.

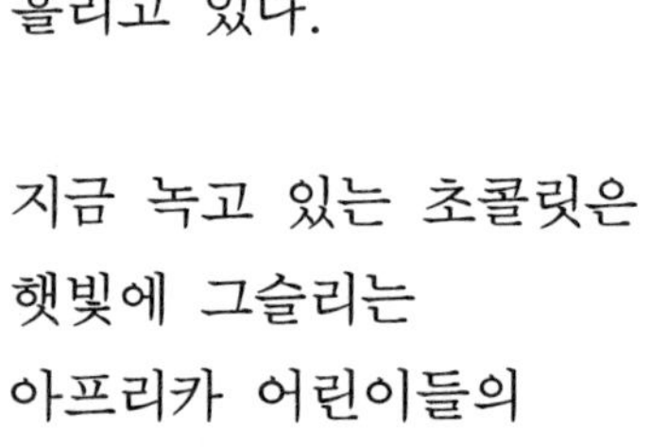

지금 녹고 있는 초콜릿은
햇빛에 그슬리는
아프리카 어린이들의
눈물일까?

정희에게

행복하기를

배성명

모두들 앞만 보고
달려가는 세상
최고가 아니어도 좋다.

흘러가는 구름처럼
때가 되면 피는 들꽃처럼
네 마음 가는 대로
네 발길 닿는 대로
마음 졸이지 말고
하고 싶은 일 하면서
여유 있게 살기를 바란다.

현재의 예쁜 정희 모습이
미래에도 고스란히 남아 있도록
자신을 사랑하면서
행복하게 살기를 바란다.

나만의 콘서트 ☆이원상

다른 사람들이 모르는
나만의 콘서트가 있다.

나만의 콘서트에서는
내가 원하는 모든 것들이
이루어진다.

내가 모든 걸 주도하고 계획한다.
이때만큼은 어느 때보다 자유롭다.

내가 원할 때마다
내 마음속에서는 콘서트가 열린다.

생명의 시간 ☆이원상

땅을 파헤치고 올라오는
겨울잠 자던 개구리들

땅을 헤집고 올라오는
겨울 내내 기다리던 잔디들

껍질을 뜯어내고 올라오는
나무속에서도 기다리던 잎들

겨울 내내 집에만 있던 나를
밖으로 끄집어낸 봄

아무리 노력해도 ☆이원상

내가
아무리 노력해도

인정받지
못하는 나

내가 한 발 나아가면
이미 두 발, 세 발 나아가 있다.

제치고 싶어도
못 제치는

노력해도
인정받지 못하는
나

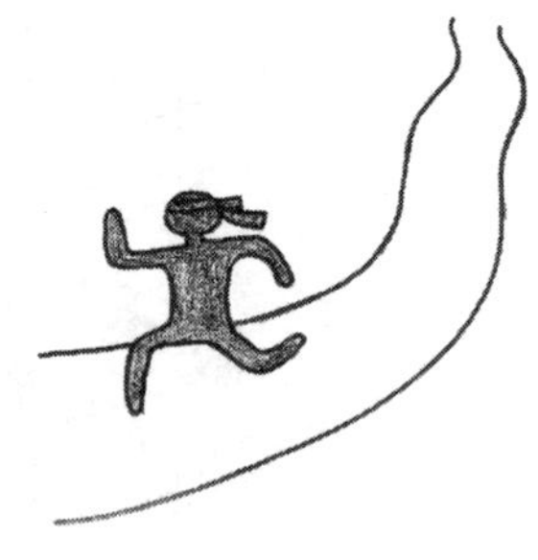

Problem ☆이원상

나에게 문제가 생겼다.

무심코 하던 장난이
전쟁이 되어버렸다.

이미 전쟁이 시작된 지금
되돌리기에는 너무 늦은 거 같다.

기죽지 않던 나조차도
말 몇 마디가 나를 벙어리로 만들었다.

이제야 나에게
후회가 밀려온다.

달라지는 사람 ☆이원상

"야, 이 새끼야!"
학교 밖에서 자주 들려오는
목소리다.

학교 안에서는 착한 척을 하다가
수업을 마치면 사람이 달라진다.

학교에 오면 아무 일 없단 듯이
얌전하게 굴고 있다.

누구나 공감하는
사람의 다른 모습

원상이에게

엘리베이터에서 미리 보는 나의 꿈

이근호

사람은 누구나 살아가는 목적이 있다. 어린 시절 그려보는 인생의 꿈과 비전도 여기에 속한다. 청소년기에 누구나 한 번쯤은 인류와 세계에 공헌하는 최상의 꿈을 가진다. 종교를 가진 사람은 이것을 '소명'이라고 한다. 대부분 꿈은 성인이 되면서 점점 작아진다. 결국에는 꿈을 잃어버린 채 살아가는 사람도 있다. 꿈을 꾸는 사람은 행복하다. 꿈을 위해 노력하는 사람은 더 행복하다. 인생의 긴 여정에서 꿈은 행복의 필수 조건이라 할 수 있다.

누구나 꿈을 이루기를 기대한다. 그것도 빨리 이루기를 원한다. 그러나 꿈은 한순간에 이루어지지 않는다. 오랜 시간 잘 준비된 사람에게만 행운처럼 찾아온다. 좋은 꿈을 이루는 데는 다음과 같은 것이 필요하다.

첫째, 사물의 옳고 그름을 판단할 수 있는 '지식과 분별력'이 필요하다.

둘째, 태어나면서 신으로부터 받은 '양심'이 필요하다.

셋째, 옳은 것을 과감하게 실천하는 '용기'가 필요하다.

넷째, 자신이 가진 꿈이 이웃과 인류를 위한 것이며, 신으로부터 받은 것이라는 확고한 '사명감', 즉, '소명의식'이 필요하다.

이런 것을 갖추기 위해서는 많은 연습이 필요하다. 반복된 연습을 통하여 준비된 사람은 꿈을 이룰 수 있고, 더 큰 꿈을 가질 수 있다.

나는 이러한 연습의 장소로 엘리베이터가 매우 좋은 곳이라고 생각한다. 엘리베이터는 하루의 시작과 끝이다. 이른 시간 출근을 위해 이용하고, 일과 후 안식을 위해 귀가하는 마지막 통로이다. 엘리베이터는 혼자 이용하는 공간이 아니다. 가족과 함께 이용하고, 나아가서는 이웃을 만날 수 있는 반복되는 소통의 공간이다. 여기에 간혹 눈살을 찌푸리게 하는 '휴지'가 발견된다. 출근길 엘리베이터에 떨어진 휴지는 상쾌한 아침을 날려버린다. 퇴근길 한 장의 휴지는 가족이 있는 안식처로 향하는 포근함을 가로막는다.

엘리베이터의 휴지를 줍는 것은 꿈을 이루는 데 필요한 네 가지 요소를 연습하는 데 유익하다. 혼자서 엘리베이터를 이용하는데 바닥에 떨어진 휴지를 줍는다면 그 사람은 사물의 옳고 그름을 판단하는 '분별력'을 갖추었다고 볼 수 있다. 또 아무도 없는 곳에서도 '양심'을 지키는 사람이라고 볼 수 있다. 만약 2~3명의 사람이 함께 엘리베이터를 이용하는데 누군가가 바닥에 떨어진 휴지를 줍는다면, 그 사람은 옳은 일을 하는데 다른 사람의 눈치를 보지 않고 과감하게 실천할 수 있는 '용기'를 가진 사람이라고 볼 수 있다. 또, 어떤 사람이 3~4명 이상의 많은 사람과 함께 엘리베이터를 이용하는데 바닥에 떨어진 휴지를 줍는다면, 그 사람은 아파트 공동체의 유익과 좋은 문화를 만들겠다는 강한 '신념과 소명의식'을 가진 사람이라고 볼 수 있다. 이런 사람은 시간이 가면 갈수록 좋은 꿈을 꾸는 사람이며, 그 꿈을 달성할 수 있는 준비가 된 사람이다.

나는 우리 아파트의 이웃과 자녀들이 이웃을 배려하고 인류에 공헌하는 큰 꿈을 꾸기를 원한다. 그리고 자라면서 그 꿈이 이루어지기를 진심으로 원한다. 아울러 매일 이용하는 엘리베이터가 꿈을 준비하는 훈련의 장소가 되기를 기대한다. 나는 엘리베이터를 이용할 때마다, 비록 내가 버린 휴지가 아니더라도 기꺼이 줍는 것을 연습한다. 나의 자녀들도 그렇게 훈련되기를 원한다. 그런데 벌써 몇 해가 지나갔음에도 다른 사람이 있을 때는 휴지에 손이 못 갈 때가 있다. 그 때마다 나는 생각한다. 아직도 꿈을 이루기에 준비가 덜 되었다고.

진정한 친구 ☆김다빈

언제든지 함께하는
진정한 나의 두 친구

언제까지 친하게 지낼 수 있을까?
한 친구가 다른 친구랑 놀 때엔
샘이 나기도 한다.

하지만 힘들 때 괴로울 때
함께 울어주는 두 친구
너랑 평생 놀지 않는다고 선전포고를 해도
내일 아침이면 언제 그랬냐는 듯
팔짱을 끼며 가는 친구

언제든지 함께하고 싶은
진정한 나의 두 친구

나의 영웅 엄마 ☆김다빈

책 속의 뜻을 모르면 가르쳐 주는
백과사전 엄마
위험한 일이 처했을 때 달려가는
슈퍼맨 엄마
항상 위기의 순간에도 승리하는
영웅 엄마
우리들 위해서 하루에 한 번씩 잔소리하는
잔소리 마왕 엄마

그래도 우릴 위해
24시간 지켜주고 있으니까
엄마에게 더욱더 잘해야겠다.

왜 이렇게 시간이 빨리 가지? ☆김다빈

새벽에 일어나서
화장실을 갔다와보면
애매한 6시 40분

10분만 자자! 10분만 자자!
많이 자지 않은 것 같은데
2초 후 알람이 울린다.

왜 이렇게 시간이 빨리 가지?
나만 모르는 이상한 시간들
달콤한 잠을 한순간
빼앗아 버린다.

엄마 마음대로 ☆김다빈

엄마는 항상
엄마 마음대로이다.
안경뿔테도 엄마 마음
친구 판단하는 것도 엄마 마음
무엇을 먹을지 결정하는 것도 엄마 마음
내방 인테리어도 엄마 마음
심지어 내 침대 커버도 엄마 마음
내 뜻대로 되는 게 없다!

열네 살
사춘기가 온 나
반항이 시작되었다.

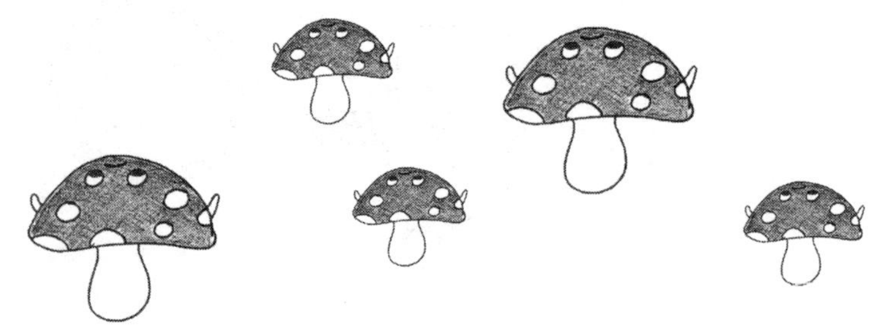

시 ☆김다빈

정말 구상하는 게 어렵지만
한편으로는 감동을 줄 수 있는 시
보기에는 쉬워보여도
만만치 않은 시
공감할 수 있는 이야기로
마음을 움직여 줄 수 있는 시

시를 쓰고 나면
내가 정말 시인이 된 것 같다.
시를 쓰지 않은 사람은 모른다.
이 짧은 시 하나에
내 마음과 같은
또 다른 마음이 있다는 걸

다빈이에게

넌 멋진 아이야

박경림

2000년 8월16일 오후 3시23분. 엄마와 아빠 인생에서 잊을 수 없는 기쁨의 순간이었어.

네 어린 시절을 엄마의 기억 속에 많이 담아두지 못한 것 때문에 너와 함께 있는 시간이면 소중한 추억을 만들려고 노력도 많이 했지.

어릴 때부터 사랑을 진짜 많이 받고 자란 다빈아, 넌 착하고 사랑이 많은 아이야. 너의 한마디 한마디가 우리 집의 이야깃거리가 될 만큼 너의 어린 시절 추억들이 마구 생각이 나서 이 편지를 쓰면서도 미소가 지어진다.

그 애교 많고 귀엽던 다빈이가 벌써 14살 중학생이 되어 나름 엄만 인정하고 싶지는 않지만 사춘기가 와서 뾰족한 날을 세워 행동하는 걸 보면서 엄만 세월을 느낀다.

다빈아, 현재 이 시간을 즐겨야만 나중에 지금을 생각했을 때 옛 추억을 떠올리면서 기쁘고 행복하고 감사하게 추억할 수 있는 거란다. 지금 너의 스토리를 멋지게 만들어보란 이야기를 하고 싶단다. 앞으로도 지금처럼 밝고 너 자신을 사랑하는 그런 어른이 되었으면 엄마는 더 바랄 것이 없어.

자기 일에 성공한 사람은 다 공통점이 있더라. 자존감! 자기 자신을 믿고 사랑하는 사람은 어떤 일이든지 자신이 선택한 분야에선 일등이 되더라고. 엄마도 네가 그런 아이였으면 좋겠어. 엄마도 노력할 거야. 우리 딸들이 "엄마처럼 살고 싶어."라는 말을 듣고 싶어. 엄마도 더욱 열심히 살려고 노력 중이야!

그리고 이렇게 시집 낸 거 너무 축하하고 대견해.

김다빈! 넌 멋진 아이야~ 화이팅!

잠자는 교과서 ☆황새연

피라미드 안에
잠들어있는 미라
그리고 책상서랍에 잠들어 있는 교과서

교과서는 유물이 아닌데
사람들은 교과서를 발효시키려는 듯
책상서랍 안으로 쑤셔 넣는다.

잠자는 숲속의 공주가
왕자의 입맞춤으로 깨어나듯이
교과서도 그런 기적을
꿈꾸고 있는 것은 아닐까?

지구의 옹알이 ☆황새연

지구가 태어난 지
약 46억년

지구가 어릴 때에는
아주 어릴 때에는
지구도 옹알이를 했지.

'지구 온난화가 일어날 것이에요'
지구는 희미한 목소리로 경고를 줬지.

그런데 지구 몸속에 있는
작은 세포들이
지구를 계속 파괴했어.

지구의 목소리를 잘 들어봐
지구온난화가 오고 있다는 목소리가
이젠 선명하게 들리지 않니?

나의 핸드폰 ☆황새연

내 소원을 들어주기 위해
신데렐라에 나오는 요정이 왔다

몰래 성형수술이라도 했던 건지
손톱 크기였던 배터리도
손바닥만 해졌고

한손에 쏙 들어왔던 크기도
두 손으로 겨우 잡을 수 있다.

깨진 핸드폰에도 정이 들기도 했지만
그래도 역시 크고 새로운 핸드폰에 대한
후회는 없다.

압정 ☆황새연

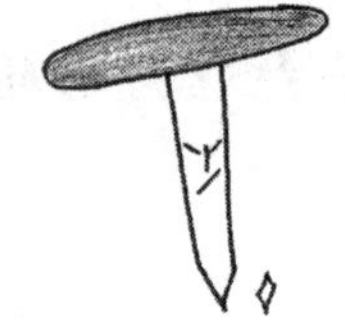

내 주위에는
친구가 없다.

어쩌면
뾰족뾰족한 내 몸통이
나를 무섭게 만들었을지도 모른다.

나는 절대로
벽에 붙어 떨어지지 않을 거다.

사람들에게
동그란 내 얼굴만 보여줄 거다.

악마가 나타났다 ☆황새연

이것도 싫고 저것도 싫다며
짜증을 냈더니

머리 위로 두 개의 뿔이 솟아 있는
악마가 내 앞에 서 있었다.

미운 얼굴을 하고 있는 악마는
거울에 비친 내 모습이었다.

새연이에게

언제까지나 널

임영옥

얼마 전 너의 성장과정이 고스란히 담긴 육아일기를 꺼내보았단다. 널 무사히 만날 수 있었던 출산의 기쁨과 어릴 적 널 잃을 뻔한 아찔했던 순간까지 지금도 그때의 기억들이 생생하구나. 그래서인지 엄마는 우리 새연이가 누구보다도 더 애틋하고 소중하게 생각되는구나.

넌 우리에겐 무엇과도 바꿀 수 없는 너무나도 소중한 보물이란다. 엄만 널 키우면서 가끔씩 힘들 때도 있었지만 행복한 시간이 더 많았단다. 너로 인해 너무도 많은 것을 얻을 수가 있었거든.

특히나 너의 시를 읽을 때면 널 보는 듯 웃을 수 있었고 또 행복했었지. 작년 시인탐방 때 박두순 시인이 새연이 시를 보며 칭찬해 준 기억이 나는구나. 내성적이지만 네 안에 담겨진 감성과 새로운 시선이 또 다른 가능성을 말해주는 것 같아 가슴이 벅차올랐단다. 엄만 앞으로 펼쳐 보일 너의 가능성을 믿는단다.

가끔씩 엄마 친구들은 부러움의 시선으로 언제 키우냐며 걱정도 했었지만 벌써 이렇게 예쁘게 성장해서 중학교 입학을 앞두고 있으니 이만하면 그동안의 힘들었던 일들은 지금의 행복함에 비할 수 있지 않을까?

사랑스러운 엄마 딸 새연아!
지금은 자칭 사춘기라며 엄마가 하는 말에 가끔씩 반항도 하고 또 때론 엄마 품에 안기며 내 얼굴에 네 얼굴을 부비고 애교부릴 땐 넌 너무나도 사랑스럽고 예쁜 딸이란다.

엄마 딸 새연아, 지금까지 건강하고 곱게 잘 자라주어 넘 고마워.
앞으로도 항상 예쁜 미소 잊지 말고 날마다 웃을 수 있고
행복했으면 하는 바램이야. 오늘도 또 내일도 매일 매일 행복하게
웃을 수 있길 바라며. 언제까지나 널 사랑해.

실 ☆배정환

얇고 가늘지만
그래서 좋다.
옷도 될 수 있고
인형도 될 수 있다.

하늘하늘 가볍지만
그래서 좋다.
바람타고 어디든지
갈 수 있으니까

그래서 좋다.

오르골 ☆배정환

태엽만 감으면
아름다운 소리가 난다.
빙글빙글 태엽이 풀리면서
노래가 나온다.

사람들은 참 아름답다고
노래를 참 잘 부른다고
칭찬하지만

오르골은
다른 노래도
부르고 싶어 한다.

눈 ☆배정환

하늘하늘
떨어질 때는
아름답지만

추워지면
꽁꽁 얼어
문제가 된다.

나풀나풀
떨어질 때는
낭만적이지만

시간이 지나
시커멓게 변하면
보기가 싫다.

사람들도 그렇다.
사근사근 말 붙일 때는 좋지만
시간이 지나면
싫은 점도 보이고 미워 보인다.

장작 ☆배정환

자기 몸을
잘게 잘게 쪼개서
자기 몸을
빨갛게 불태워서
사람들을
따뜻하게 만들어준다.

하지만 사람들은 다르다.
자기 몸은커녕
자기보다 약한 사람의 몸을
갈기갈기 쪼개버리고
불태워버린다.

사람들도 조금만
자기 몸을
하얀 재로 만들 수 있다면
좋겠다.

눈동자 ☆배정환

동그랗고 자그마한
까만 구 안에
온 세상이 담겨져 있다.

어떤 도구 보다
이 세상을
가장 아름답게
볼 수 있는 도구이다.

그러니 이 자그마한
구 안에
아름다운 것들만
보였으면 좋겠다.

정환이에게

세상의 중심

권오미

정환아,

처음에 아빠를 만났을 때 "이 사람하고 결혼하겠구나,"하는 생각이 들더라. 아빠도 그런 생각이 들었다는 이야기를 나중에 전해 듣고 참 신기했었단다. 뱃속에 아이가 생겼는지도 모르고 있을 만큼 초보 엄마였던 엄마는 벌써 세 아이의 엄마가 되어 있구나.

너 태어났을 때가 생각난다. 병원서 퇴원한 후 아빠는 출근하고 눈도 못 뜬 너랑 나랑 둘이만 남게 됐을 때 꼼지락 꼼지락 움직이는 빨갛고 주름투성이에 손수건만한 애기를 보고 있자니 문득 두려워지더라. 모든 현실이 너무 당황스럽고 무서웠던 기억이 난다.

어찌어찌 시간이 흘러 살도 오르고 점점 예뻐지는 너를 보고 있으니 가슴이 저릿저릿한 기쁨이더구나. 정도 많고 순수하고 심성 고운 우리 아들.

벌써 키도 엄마보다 커져버렸고 몸무게도 더 나가고 엄마보다 집보다도 친구를 더 좋아하는 콧수염 송송 솟아나는 과도기에 접어들었구나.

아직은 어리지만 어리지 않고 크지만 크지도 않은 나이, 스스로 해 낼 수 있는 일이 점점 많아지고 그에 따른 책임도 늘어나는 때이기도 하지. 옆에서 지켜볼 때 처음 걸음마 떼던 널 보듯이 마음 불안할 때가 많지만 엄마는 알고 있어. 넘어지더라도 다시 일어나 아장아장 걷던 그때처럼 어느 순간 우리 아들이 일어나 달릴 거란 걸.

그리고 항상 응원한다. 넌 세상의 중심이기에.

군것질 ☆김서영

군것질은 맛있다.
100원, 200원
적은 돈으로 사서
더 맛나다.
적은 돈이어서
나도 모르게 손이 간다.
이러다가 군것질과 내가
떨어져서는
안 되는 사이가 될 것이다.
싫다고 해도 군것질 그것은
나를 유혹한다.
나는 마음을 잡고
그를 피해 다녔다.

그래도 그는 나를 붙잡는다.
나를 부른다.
하지만 나는 그를
나에게서 떨어뜨려 놓는다.
이제는 정말 이별이다.

자랑스러운 키 ☆김서영

151~153 정도의
내 자랑스러운 키
이놈의 키는
언제쯤 얼마나 자랄까?
점점 크고 있지만
난 좀 초조하다.
그런데 나는 지금의 키도
자랑스럽다.
버스도 어린이 요금을 낼 수 있고
동안이란 소리 듣고
귀엽다는 소리까지 듣고
친구들이 더 보살펴주고
난 내 키가 자랑스럽고 좋다.
솔직히 나는 지금 키가
제일 잘 어울린다.
더 커진다면
끔찍하지 않을까?

귤의 두 얼굴 ☆김서영

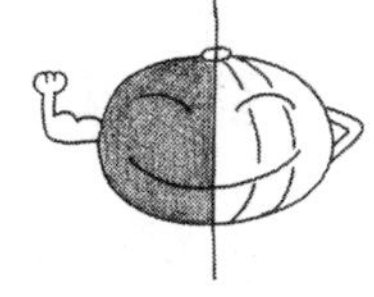

겉에 보이는 껍질을 벗겨내면
속에 있는 달콤한 열매가 보인다.

귤의 껍질은 울퉁불퉁하며
점이 콕! 콕! 콕! 찍혀 있고

열매는 연주황색에
동그란 예쁜 모양을 가지고 있다.

그 아이는 밖으로는
강하고 센 척 괜찮은 척 하지만
본래 속마음은 그 반대로
여리고 착한 것이다.

귤의 두 얼굴
나의 두 얼굴과 닮았다.

고추잠자리 ☆김서영

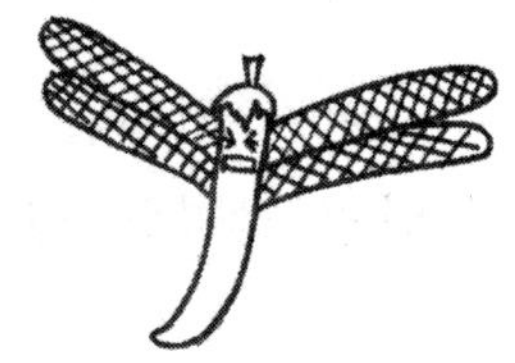

고추잠자리는
빠알간 고추를 먹어서
빨개졌나?

고추잠자리는
빠알간 고추가 매워서
정신없이 날아다니나?

고추잠자리는 가끔가끔
전깃줄에 앉아 한숨 돌리지.
너무 매워서 정신없이 날아다니다
힘들어 버렸나 보지.

꿈 ☆김서영

꿈을 꿨다.
내가 영웅이 되어
악당들을 물리쳤다.
다음날도 꿈을 꿨다.
내가 괴물한테 쫓기다가
절벽에서 떨어졌다.

꿈은 뭐 길래
나를 영웅으로 만들었다가
절벽으로 떨어지게 하지?
꿈은 누가 만들까?

서영이에게

2월의 자화상

김칠석

올 겨울 유난히 추위에 떨어 봄이 오기만을 기다리다
겨울도 아니고 봄도 아닌 것에
언제부터인가 깊은 수렁에 몸과 마음을 짓눌린다.

마른가지 아래로 깊이 숨겨놓은 새 생명의 씨앗을
무던히 기다리는 창 밖 가로수의 눈빛에
나는 어쩔 줄 몰라 황급히 몸을 돌린다.

수천 년 전 한 여인이 기다렸을 봄을
책장 앞에 놓인 작은 청동 성모상에
빼꼼히 비추이는 것 같아
놀라고 두려운 가슴으로 일어서다 그만,
부름에 다시 자세히 들여다본다.

창문으로 살짝 들어오는 아침 햇살에 반사된 내 얼굴이
어린아이 마냥 그 속에 놓인다.

'뭐도 아니고 무엇도 아닌 것에 왜 그리 요란을 떨었는가.'

이 하찮은 소동의 아침에
살짝 눈을 뜬 아내와 아이의 의문에
괜스레 봄빛이 너무 좋다하고는
나는 봄빛에 감사를 드리러 나간다.

벚꽃 ☆황현진

길거리에 꽃잎을
떨어뜨리는 벚꽃
화려하면서도
슬퍼 보이는 저 벚꽃
어떤 슬픈 일이 있냐고
아무리 물어보아도
아무 말 없이
꽃잎 눈물만 떨어뜨린다.

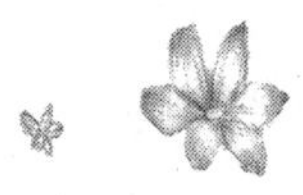

고등어 ☆황현진

우리나라를 둘러싸고 있는 바다
그 바다에는
등 푸른 생선 고등어가
힘차게 물살을 가르고 있다.
갈치가 아무리
은처럼 빛을 낸다고 한들
누구도 따라할 수 없는
파란 몸부림
'내가 빛나는 파란색을 낼 수 있어!'
푸른 바다 빛을 담고 있는 고등어
나는 그런 고등어가 좋다.

버섯 ☆황현진

숲에 가보니
비가 오기만을 기다리고 있는
버섯이 고개를 쏙 내밀었다.
어릴 적 엄마를 기다리던 아이처럼
아직은 비오기 전
희망을 갖고
조금만 더 기다려본다.

드디어 기다리던 비가 내리면
버섯이 새싹처럼
무럭무럭 자라난다.
하지만 금방 떠나버리는
야속한 비
그렇게 버섯은
하늘만 뚫어져라 쳐다본다.

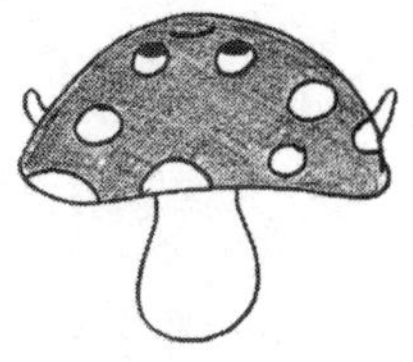

새벽4시 ☆황현진

엄마도 자고 오빠도 자고
모든 가족이 잠들어 있는 이 시간
슬며시 자리에서 일어나
발소리에 혹시라도 누가 깰까
살금살금 방안으로 들어간다.
쿵 소리 나지 않게 문을 닫은 뒤
혹시 불 키는 스위치 소리라도 들릴까
컴퓨터 전원 키는 소리라도 들릴까
조심스럽게 스위치와 버튼을 누른다.
컴퓨터를 하는 도중에도
엄마가 깰까 할머니가 깰까
내 몸은 계속 긴장 상태
지금은 새벽 4시
내가 가장 좋아하는 시간

미분양 아파트 ☆황현진

어떻게 해야 사람들이 올까
겉모습을 좀 더 꾸며야 할까?
와달라고 애원을 해야 할까?

지어진지 이제 석 달
아직도 사람들이 오지 않는
미분양 아파트

공원도 있고
주차장도 넓고 집도 넓은데
미분양 아파트에게만 없는
행복한 가족

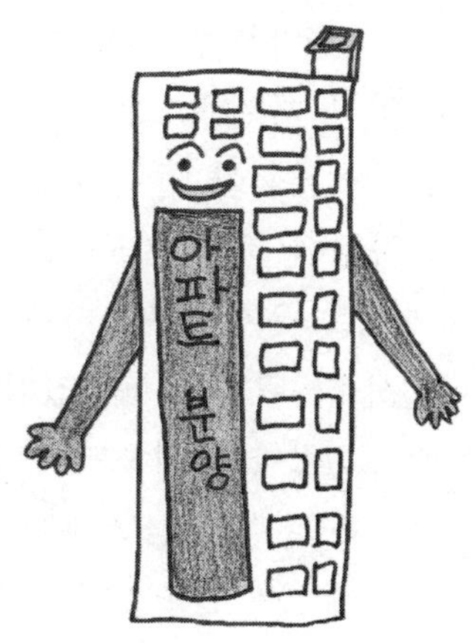

현진이에게

미소로 가득하기를

최미화

우리 딸 매일 봤어도 이렇게 편지 쓰는 건 정말 오랜만이네. 엄마나 딸이나 애정표현이 서툴러서 직접 말로 못하는데 이렇게나마 말할 수 있는 기회가 생겨 참 좋다.

지난 한해는 현진이에게 힘든 한 해였던 거 같아 지켜보는 엄마가 마음이 아팠어. 친구와의 사소한 오해와 잘 안 풀리는 공부, 가족들의 지나친 관심조차 현진이에게는 짐이 되었던 게 아니었나 싶어. 어느 순간은 현진이가 마음의 문을 닫아버려서 엄마는 어찌할 바를 몰라 속만 태우곤 했었단다. 누구보다도 너를 잘 이해하고 사랑하는데 딸이 혼자 애태우고 있는걸 보니 엄마는 많이 속상했어.

몸도 크고 마음도 크기 위한 성장통이라 생각하고 이날들을 잘 보내자. 어느새 2학년으로 훌쩍 커버린 우리 딸, 늘 곁에서 함께하는 우리 현진이의 최고의 아군, 든든한 지킴이는 엄마라는 걸 꼭 생각하고 활발하게 생활해 나가렴. 현진이의 밝은 웃음을 보면 더할 나위 없이 행복을 느끼게 된단다.

어른들이 돌아가고 싶은 아주 좋은 시절을 보내고 있는 현진아, 세상에 배울 것도 많고, 친구들과 수다 떨면서 별일 아닌 것에도 까르르 웃게 되는 바로 지금 이때가 좋을 때야. 다들 부러워하는 그 시절이니만큼 아낌없이 즐기고 공부하고, 웃고 생활했으면 해.

건강하게 아프지 말고, 근심 없이 미소만 가득한 하루하루를 여는 우리 딸이기를 희망한다.

세상에 둘도 없는 내 딸 현진아, 사랑해.

팝콘 ☆이연찬

아, 얼마나 안타까운가.
그 재밌는 장면 놓치고
위액에 젖어있으니

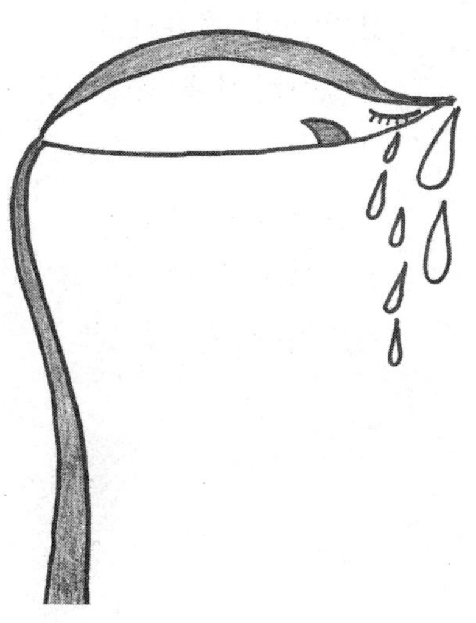

기상캐스터 ☆이연찬

오늘은 북동쪽 학교에서
성적표가 올 예정입니다.
점수의 차이가 심하여
목소리가 높아질 것으로 예상됩니다.
집안에 계실 분들은
각별히 주의하셔야 할 것입니다.
모레 오전에는
고기압의 영향으로
나들이하기에 좋을 것 같습니다.

오늘만큼은 제발
일기예보가 틀리기를
기도해야 할 것 같다.

풍경 ☆이연찬

정신없이 달리는
고속도로 위에서
고개를 돌리면
창밖에 멈춰있는 풍경.
그리고 그 아름다운 풍경을 남겨둔 채
계속 달리고 있는 나

가만히 조용히
나를 기다려줄 추억이라는
풍경이 있어
나는 오늘도 달린다.
언젠간 반환점을 돌아
다시 만날 날을 기약하며

손대지 마시오 ☆이연찬

학원에서 돌아온 나를
손대지 마시오.
책상너머에 있는 성적표를
손대지 마시오.
침대위에 있는 내 핸드폰
손대지 마시오.
선생님께 혼난 내 마음
손대지 마시오.

감춰야 할 것이 많은 나는
점점 엘리베이터가 되어가고 있다.

돋보기 ☆이연찬

혼이 났다.
남보다 위에서
내려다보려 해서

돋보기로 보는 연습을
해야 할 것 같다.
손을 떨지 않고
거리와 초점을 맞추는 연습

상대방을 크게 보며
지나쳤던 것을 볼 수 있게
돋보기를 껴야겠다.

연찬이에게

큰 꿈을 가져라

이현상

높은 꿈을 가지되,
네 키보다 높은 꿈이 아니라
네 시선이 닿는 꿈을 가져라.

화려한 꿈을 가지되,
현란한 꿈이 아니라
너만 가진 색깔의 꿈을 가져라.

큰 꿈을 가지되,
허황되게 큰 꿈이 아니라
네 가슴 안에 담을 수 있는 큰 꿈을 가져라.

그리하여 진정 큰 꿈을 가지되,
반드시 이루기를 희구(希求)하여
그 꿈보다 한 뼘 더 이루거라.

물음표 ☆이해윤

질문도 참 많았던 그 시절
머릿속엔 온통
물음표를 달고 살았다.
이건 뭐야, 저건 뭐야 하면서
참 많은 걸 물어보았다.

새해에 떡국을 먹은 만큼
머릿속에 물음표도
하나씩 떨어졌다.

그리고 지금 생각한다.
물음표가 없어진 게 아니었다고.
물음표를 입 밖으로 쉽게
던지지 않을 뿐이라고.

도둑 ☆이해윤

사고
사고
또 사도
벌써 여덟 개

오늘도
가방 앞주머니 가득 채우는
지우개 봉지

이젠
문구점 아주머니도 날 알아보신다.

누군가의 지우개가 떨어졌다.
아이들이 볼세라 얼른 집어 들었다.

도둑,
바로 나였다.

꽃봉오리 ☆이해윤

친구들이 말한다.
어른들이 말한다.
TV에서 말한다.

공부만 잘하면 다 된다고
일단 공부만 생각하자고
공부 말고는 다 필요 없다고

공부만 심어놓은 나의 마당에
잡초가 자라난다.

과연 그럴까?
우리는 꽃을 피울 수 있을까?

기다리기 ☆이해윤

머리를 감지 않아
기름진 머리를 하고도
기다렸다.

방금 끓인 보글보글 찌개와
방금 지은 보슬보슬 흰쌀밥도 등지고
기다렸다.

밀린 빽빽한 숙제도 밀어두고
기다렸다.

하루 온종일
기다렸다.

드디어 오셨다.
첫 눈이 내렸다.

다 같이 해볼까
첫 눈 기다리기

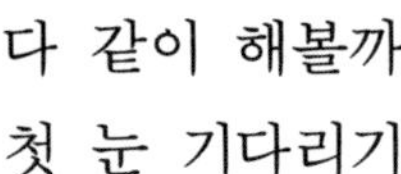

알아준 걸까 ☆이해윤

외로움을 달래주던
자줏빛 붉은 입술이
하나 둘씩
멀어져만 간다.

모든 것이 떠나간 듯
무엇인가 잃은 듯이
고요함 속에 찾아오는 흐느낌

그 슬픔을 알아준 걸까.

앙상하고 텅 빈 마음에
흰 눈이 소복이 내려앉는다.

참 소복이도
내려앉는다.

해윤이에게

그리운 어머니

박미자

이른 새벽 그 누구보다 일찍 일어나
시린 손 아랑곳하지 않고, 호호 부시며
가족을 위해 아침밥을 짓던 어머니

허리 한번 제대로 못 펴도
늘 괜찮다, 난 괜찮다하시던 어머니
그때는 왜 몰랐을까요!
그립고 그리운 나의 어머니

애틋하고 아련한 추억 속으로
이른 아침, 순서 없는 하루의 시작을 알리며
하나 둘 셋 넷 현관문을 나서니
어느새 입가에 안도의 미소가 흐른다.

아이들은 어떻게 생각할까, 엄마를…
나의 어머니처럼 아님 잔소리쟁이로
자식을 보며 어머니의 마음을 읽는다.

오늘따라 더욱 어머님이 보고 싶습니다.
그립고 그리운 나의 어머니